この一言で子どもが伸びた

無限の可能性を引き出す感動の言葉

山田暁生・中野敏治 著

学事出版

まえがき

今、日本の教育はあまりにもせっかちで近視眼的になり過ぎていないだろうか。国際競争もグローバリズム化し、他国に負けるな、追い越せと、全てのものが競争の渦の中に巻き込まれつつある。

生の情報が瞬時に世界を駆け巡る時代の情報化状況下で、わが国だけは……と、のんびり構えていられない事情はわかる。しかし、それが長いスパンで考え、取り組まねばならない子どもたちの〝人間教育〟にどんな影響を与えていくことになるか。教育の第一責任者である親や教師は人間育成の最前線にいて、よくよく考え続けていかなくてはならないと思う。

私は半世紀にわたる現場教育の中で、約七〇〇〇人の変化・成長が著しい中学生の指導に当たってきた。さらに、家庭や地域で彼等の教育に当たってきた保護者や他の人々三万人近くと対話交流を重ねてきた。そして、さらに、全国教育交流を目指し、「やまびこ会」なるものを主宰し、四半世紀にわたって、全国の教師や教育に強く深い関心を持つ人々と交流を重ねてきた。そこで得た結論は何か。

子どもは必ず伸びる！　変わる！

将来へのこの楽しみがあってこそ、親も教師も、いつ実るかわからない子どもの育成にエネルギーが絞り出せるのだ。私もそうだった。本書を手にしてくださったあなたもそうにちがいない！

その長いスパンで考える〝子どもは必ず伸びる！　変わる！〟も、彼等の変化・成長の著しい幼・小・中・高時代にたくさんの萌芽を見せてくれている。大人はそれを意外に見逃していて、しっかり認識し、その後の指導に生かすチャンスを失っていることが多い。しかし、ありがたいことに、子どもたちはわが心の中で温め、長年自分の宝物にして、育て続けてくれている。

長く教育現場で接し、子どもたちがどこで成長の火花を飛ばし、その美しい光を見せ、さらに、その結実をいくつも見せてもらってきた。その教師二人がここにその中の数例を書かせていただいた。

あなたの周囲にもこうした実例はたくさんあることだろう。こうした子どもたちの光をもっと取り上げ、子どもたち自身が長きにわたって自己成長させていくエネルギーを持たせようではないか。

この考えに共感・共鳴してくださる方が多いからこその結果と思うが、本書は「この一言が中学生を変えた」（あすなろ書房刊・山田暁生著）で十五万人の読者と出会った。そして、今般、さらに中身を充実させるため、加除し、二人の共著として、再び世に出すことにした。

　今後、読者の一人として、あなたが発見した子どもたちの光、すばらしい変化・成長ぶりを著者にも教えてほしい。さらにそれをより広い世界に紹介してあげ、子どもたちを元気づけようではないか。

　幸いインターネット（巻末参照）でもあなたと交流できるようになった。

　子どもの教育は協同作業だ。子どもはみんな次代の地球を背負っていってくれる人たちだ。その認識の上に立って私たちは日々を送っていきたい。

やまびこ会　顧問　山田暁生

もくじ

子どもは伸びる！　変わる！

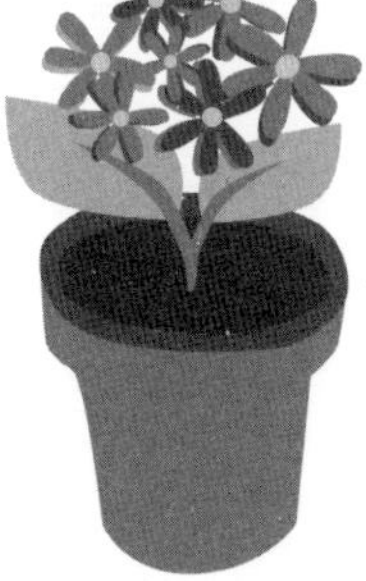

万引きなんかもうしない

父親は会社を休んで
一緒にあやまって歩いた

中一、K男。なかなかの剽軽《ひょうきん》者で、クラスでも、みんなをよく笑わせる生徒であった。

K男は小学校の中学年の頃からプラモデル作りに凝りだし、その趣味が中学に入ってもずっと続いていた。

一学期の中間テストを終えた日の午後のことだった。私は、その日は自宅で採点しようと、ゴッソリ答案をかかえて、まだ陽が高いうちから家に帰っていた。当時は教師の自宅でのテスト採点も黙認されていたゆったりした時代だった。

採点中に電話。あるスーパーからのものだった。「学校に電話をしましたら、もうお帰りだということで……」と、直接電話があった。「いま、先生の担任のK男君を警備員室に保護しているのですが……。家庭へも連絡していただけませんか」

早速訪ねていくと、いくつもの品物が、そこにひろげられていた。

「実は、これと、これは、うちのじゃないんですよね。M店とN店のものらしいんです。実は、私もうっかりしていましてね。もっと早く気をつけてあげればよかったのですが、こんなに盗らせてしまって、本当に申し訳ありません。どうか、よろしく、先生の方とご家庭の方でご指導をお願いいします」

K男は、「先生に会わす顔がない」という風に、下を向きっ放しで、日頃の陽気さはどこへやら、顔は青ざめ、今にも泣きそうな表情だった。私のあとに続いて、母親が迎えに来た。

「警察には知らせてありませんから。お子さんも初めてのようですので、よろしくご指導ください。ぼく、もうこれから、こんなことは絶対にするんじゃないよ。ほしい物は手の届くところに一杯あるけれど、人に見つかる見つからないでなしに、悪いことは自分がいちばんよく知っていることだし、そういうことをしてしまうと一生心の中に残ってしまって自分がすっきりできなくなってしまうからね。ま、ひとつ、ご指導よろしくお願いしますよ」

私たちは深々と頭を下げ、本当にごめいわくをかけ、申し訳ないことをしてしまったということを詫びて、いったんK男の家へ一緒に戻った。

父親も会社を早退して、急ぎ帰宅。私も善後策を相談したあと、両親にまかせて帰宅した。

あくる日、父親は休暇をとり、わが子も欠席させた。登校するより、もっと先にやっておくことがあるというのが父親の考えであった。

電話で欠席届けがあったとき、父親の**「授業が半日分遅れることより、まず自分がやってしまったことについて、お店の人たちへの謝罪の方が大切。まず、親子でそれぞれのお店を訪ねて謝**

り、やったことについてきちんと責任を取ったうえで登校させたい」という言葉に私は感動した。たしかに父親の言う通りだと思った。

その日、両親がK男をつれて、午前中、謝って歩いた。そのようなとき、親としても大変つらかろう。しかし、当然子育ての責任者として、そうせざるを得ないと考えてのことであろう。

ある店でうまくいった。それでは次の店でもと、K男は、次々と手を出してしまったらしい。そして、最後のスーパーで、レジを通り過ぎた後、出口で問いただされ、警備員室へ連れていかれたのだった。

それが、両親をこんなにまでさせる結果になるとは思いもよらないことだったにちがいない。

その日の夜、母親はK男を連れて、はるばる私の自宅を訪ねてくださった。

「父親は会社の用でどうしても来られないということで、二人で訪ねさせていただきました」と言って、母子二人で私の家へ謝りに来られたのだった。

「やまびこ学級通信に書いておられる先生の父母や子どもたちへのいつもの思いを、こんな形で切りくずしてしまうとは、本当に申し訳ありません」と頭を下げられるのだった。

「先生、この子も、二度とこういうことはしないと誓っています。本人も、自分のやったことが大変なことであり、まわりの人たちにも大変めいわくをかけたということを知ったと思いますので、これからのこの子の姿を見守ってやっていただけませんか」と言いながら、人形をこの子と思って、ながめていてほしいと、かわいいいたずらっ子の博多人形を置いていかれた。

ごめんね、心の中が見えなくて

タバコだけじゃない！シンナーだってやりたいんだ！

彼女のスカート丈が変化し始めたのは二年生の終わりのころだった。今まで明るくクラスのことにも協力的だった彼女が、やる気をなくし、言葉遣いも変わり、服装も変化をしてきたのだった。友達関係も変わってきていたのだった。

「最近様子がおかしいぞ。どうしたんだ？」と尋ねても「別に……」と答えるだけだった。授業中も「意欲がなく過ごしている」と、何人かの教科担任から私のところに話があった。

そんな状態のまま彼女は三年生に進級した。担任は引き続き私がなった。彼女の様子はますます変わった。遅刻も増えた。服装もさらに乱れてきた。彼女とゆっくり話そうと声をかけるといつも同じ返事で「忙しいから、すぐに帰る」という。部活動も名前だけの所属となっていた。

彼女の行動が心配で、夕方や夜に家庭に電話をしても出ることはなかった。「いつも忙しくてすぐに帰っちゃうから、今度、おかあさんかおとうさんと話したいんだけど。夕方でもいいよ」と彼女に声をかけたとき、彼女は厳しい目つきになった。そして、私から顔を背けた。そのまま黙って帰ろうとしている彼女は元気がなかった。

ある日、職員室に電話が入った。「下校中にタバコをすっている生徒がいた」という電話だった。すぐに職員室を飛び出して、その場に行ったが、生徒は誰もいなかった。電話をかけてくれた方から状況を聞くと、数人の中学生で、その中に女子生徒もいたという。女子生徒の特徴を聞くと、どうも彼女のようだった。「まさか」という気持ちと「たぶん」という気持ちが私の心の中にあった。

一度、職員室にもどり、状況を管理職に報告した。そして彼女の家を訪ねてみた。

彼女の家の前には数台の自転車が置かれてあった。どの自転車も手を加えてある自転車だった。そっと玄関を開けた。何足もの靴がばらばらに脱ぎ捨てられていた。玄関を開けた音で、二階にいた数人の生徒たちは玄関から飛び出すように出て行った。家には彼女一人が残った。

彼女の口からはタバコのにおいがした。「持っているタバコを出しなさい」と静かに彼女に言うと、そっとポケットからタバコを出した。それを受け取り、彼女の顔を見ると、目を真っ赤にして涙がたまっていたのだった。学校で私に反抗をしている彼女の姿ではなかった。何があったのかと驚いた。ただ「持っているタバコを出しなさい」と言っただけなのに。身体が小刻みに震えるほど彼女は泣き出したのだった。

「どうしたんだ?」と彼女に声をかけると、「先生、何でタバコを吸っちゃいけないの? シンナーだってやりたいよ！　お酒だって飲みたいんだよ！」と震える声で真剣に私の目を見て、話し始めた。何が彼女にあったのか予想もつかない状態だった。その場で時間が止まった感じだった。次にどんな言葉を彼女にかければよいのか分からず時間だけが過ぎた。

やっと声をかけられた言葉は、「おとうさんは？」「おかあさんは？」という言葉だった。彼女は、「おかあちゃんは、ずっと病院」と、つぶやくように話し始めた。母親が病気だということは聞いていたが、詳しくは知っていなかった。「おとうさんは？」と聞くと、「おやじは、おやじは……、あんなやつ知らない！」と強い口調で彼女は言った。沈黙が続いた。彼女は言葉を探しているようにも感じた。

止まっていた涙が彼女の目からまた流れてきた。「先生は何にも知らないんだ！　おかあちゃんは、おかあちゃんは……」また言葉が止まった。「もう家に帰ってこないかもしれないんだ！」それが何を意味しているのか分からなかった。「おやじはいいよな。自分の気持ちを紛らわそうと、いつもお酒を飲んできて、酔っ払って、遅く帰ってきて寝るだけだ。私だって、タバコ吸って、シンナーやって、お酒飲んで、自分を忘れたいよ！」彼女の身体は震えていた。自分の気持ちを吐き出すように一気に彼女はしゃべった。彼女の心からの言葉に、返事ができなかった。

彼女は、「寂しいんだよ」「辛いんだよ」という言葉を誰にも言えず、一人でじっと耐えていたのだった。

彼女が落ち着きだしたとき「どうして部活動に参加しなくなったんだ。いつもすぐに帰ってしまうから」と彼女に声をかけた。部活動をやれば、気持ちも紛れると思って聞いたことに、彼女は驚く返事をしたのだった。

「誰が夕飯を作るの？」「私しかいないよ」「誰が私の毎日のお弁当を作るの？」「私しかいないよ」「私が学校の帰りにスーパーで買い物して来なければ誰が買ってきてくれるっていうの？」と寂しそうにポツリポツリと話してくれた。

知らなかった。学校で毎日彼女が食べているお弁当は、自分一人で作ってきているのだった。食材も制服姿のまま学校帰りにスーパーで買っていたのだった。

父親と会った。なかなか連絡が取れず、父親の職場に電話をして、会うことができた。彼女の気持ちを伝えた。一人で辛く、寂しい思いをしていることを話した。父親も彼女の様子から少しはわかっていたが、そこまで自分を追い込んでいるとは気がついていなかったようだった。父親も辛かったことがわかった。妻の余命を宣言されて、何もできない自分の力のなさに、いらいらしていたのだという。

しばらくして、父親はできるだけ早く帰るようになってきたと彼女が話してくれた。少しずつではあるが、父親との関係がもどってきた気もした。

私に「明日、学校が休みだから、おかあちゃんの病院におやじと一緒に行ってくる」と話してくれるようになった。

進路先を決める時期になった。彼女は専修学校を希望した。遅いスタートではあったが彼女は勉強を始めた。受験の朝、「受験票や弁当は持ったのか?」と確認をして、駅で彼女を見送った。合格発表の日、彼女は「きっと、ダメだろうけど一人で見に行くよ」と言った。「寂しくないか?」と声をかけてしまった。彼女は苦笑いをした。

職員室の電話が鳴った。「先生！　受かってた！　うそみたい」と彼女の声が受話器の向こうから聞こえてきた。「よかったな。まっすぐ帰るんだぞ」と彼女に伝えると「寄り道して帰るよ」という。「まっすぐ帰ってきて合格通知を見せてくれ」という私の言葉をさえぎるように「先生、おやじがトラックで合格発表を見に来ていた。驚いたよ。おやじと一緒に帰るからちょっと寄り道していくよ。先生、受験の日の弁当、おやじが作ってくれたんだ。見た目はすごく悪かったけどね」と、今までにない明るい声で彼女が話してくれた。それから数週間後、母親は亡くなった。

どんなに辛くても、どんなに寂しくても、一人ぼっちでいじらしく生活をしていた彼女だった。辛さや寂しさを癒してくれるのは、家族しかいなかった。たばこを吸っても寂しさは紛らわすことができなかった。

親が子を思い、子が親を思う。他人には見えない世界がある。

札つき新入生はすばらしかった

あの子が札つきとは、よっぽど相手が悪かったんだ

「今年はどうも大変な子が入ってきそうですね。ある人から伝え聞いたことですけど、小学校では担任の先生が相当、その子には手をやいていたらしいですよ。身体も大きく、短気で、ほとんど担任の先生の言うことも聞かず、ちょっと注意されると、先生のいない間に、教室の先生の持ち物をこわしたり、いすを投げ飛ばしたり、掃除用具入れの扉を壊したりというふうに、とても粗暴行為が目立つ子らしいんですよね。まわりの子たちも、うっかり注意して、逆に乱暴されたりするとこわいもんだから、見て見ぬふりというか、知らん顔をしてきたらしいんですよね。

さて、どうしたものでしょう。問題は、どこのクラスにそのような子を受け入れるかということですが、誰か引き受けてやってみようという方はいませんか」

新しく一年生の所属が決まった教師たちは、M教師が持ち出したそんな話題に、すっかりクラス分け作業をストップさせられてしまった。

といっても、その彼が、クラス分けのために教師たちが手にしている氏名カードのどれか全く

わからない。

「えーい、出たとこ勝負でいこうじゃないの。誰が受け持つにしても、あまり小学校でどういうことがあったかということを気にしないで、先入観をもって新入生を見ない方がいいんじゃないかな。子どもだって、中学に入ってくるときは、もう一度出直すつもりで来るんじゃないのかな。あんまり色めがねで見ない方が私はいいと思うよ。ひょっとすると、その子に接している担任の対応のしかたが悪いってことだってあるように思うよ。

小学校は特に、中学とちがって、担任クラスの子と接する時間がうんと長いでしょ。それだけに、相性が良ければいいけれど、悪いとなると、行きつくところまで行っちゃって、どうにもぬきさしならないようになってしまうことがあるからね。そうなったら、ひたすら、学年の終わりを待つのみというわけだ。こりゃあ、当の子どももつらいし、親もつらいだろうな。担任も憂うつだろうよ。

ま、われわれは担任と言っても、中学の場合は、その日は一時間も担任クラスの授業がないということも度々あるし、生徒の方も、たとえ担任と相性が悪くても、好きな先生の授業があれば、それで気晴らしもできるんだ。

その子だって、中学に入ってきたら、変わるんじゃないのかな。誰だかわかっていたらぼくは受け持ってやってもいいよ」とS教師。

小学校に電話をかけて問い合わせればすぐわかることであるが、それを気にせず、「誰が受け持ってもいいじゃないか。そんな子がいたら、担任まかせにしないで、みんなで面倒みていってやろうじゃないか」ということに話が落ち着き、クラス分けを続けていった。

入学式の日、教師たちの関心は〝それらしい子〟に集まった。ところが、身体つきのガッシリした男子新一年生は、顔もひきしまって、態度はなかなかのものだった。

数日後の「中学生になって」という作文で、話題の主が彼K男であることがわかったが、なんと、K男の積極性はすばらしいものがあった。

担任の報告によれば、「まず議長に立候補し、その議事の進め方の鮮やかなこと。放課後は委員表を模造紙に書いたり、クラブ活動のことを聞きにきたりで、あの子が入ってくれたおかげで、うちのクラスは活気があって、大助かりですよ」ということだった。

H教師は言ったものだ。

「惜しいことしたなあ。うちに入ってくれればよかったのに。それにしても、小学校であばれたなんて、うそのようだなあ。ひょっとしたら、小学校では、担任と何かの拍子に衝突して、それだけテキパキと積極的にやる子だけに、反動も大きく、徹底的にうまくいかなくなってしまったんだね。ま、生徒ばかりが悪いと決めつけられないからね」

と、うらやましそうな口調で言った。

野球部でも話題のK男は大活躍をした。チームにとって、三年間なくてはならない存在だった。担任をはじめ、多くの教師たちが彼の活躍に拍手を送り続けた。担任は、

「おまえのおかげで、うちのクラスはなかなかよくまとまって本当に先生も助かるよ」

と感謝していた。子どもは大人たちの対応のしかたで、変われば変わるものである。

子どもは子どもなりに、変身のときを待っている。そして、大きな変身のときに至っていることもあるのだ。その時を親や教師がいかに鋭く、すばやく察知し、次々と対応していくかで、その子の後々の成長や変化はずいぶん違ってくるのである。

クラスメイトたちのおかげです

「ぼくはみんなのおかげで、生き返ってきました」とS君

S君。中学三年の十月半ば。使いに出た帰り道、幼稚園の通園バスと四つ角で接触転倒。乗っていた自転車から放り出され、道路に頭をぶつけ意識不明で、救急病院にかつぎ込まれた。一晩の検査の結果、さらに大病院へ移動。即、脳の手術ということになった。

これから進路の煮つめに入ろうという、S君にとっては大変重要な時期だっただけに、両親のショックも言葉に表せないものがあった。

教師である父親は職場で、私は私で、母親の要請を受けて、仲間たちに輸血の協力を呼びかけた。大勢の人々の協力を得て、S君の大手術は成功した。

一時は進路どころの騒ぎではなく、生死の境をさまよい、どうなることやらの数日が続いた。手術の成功は一週間ほどして、その兆しが見え始めてきた。クラスメイトたちも、彼の回復を願って、一生懸命千羽鶴を折った。学級会議長団の発議による彼への支援態勢はすばらしいものだった。

千羽鶴はみんなの手で一日で折り上げ、それを持って、どしゃぶりの雨をついて、クラスメイトの代表たちは見舞った。彼の入院中、学校の勉強が遅れないようにしてあげようと、みんなで順番に授業のノートづくりをし、親友がS君の家へ届け、母親の手で彼にと運ばれた。

こうした友への思いやりの心は担任としても本当にうれしい。

親でも、わが子がきょうだいに「あんなやつ、ほっとけ、ほっとけ」と冷たくされているのを見るのはつらいものである。その反対に、いつも思いやりを持ち合い、助け合おうとしている姿をみると、うれしいだけでなく、子どもを持ってよかったという気持ちになる。

担任にとっても、自分のクラスで、誰をほっておいていいという生徒はいない。そのように、みんなと足並みをそろえて進めない仲間に心からの支援と行動を起こしてくれている姿を見て、私も本当にうれしく思うのだった。

S君は驚くほどに早く回復した。笑顔でクラスメイトたちの前に立ったとき、みんなは力いっぱい拍手した。

「おめでとう!!」

「あのう、ぼくが、こうして、もう一度この世に出てこれたのも、みなさんのおかげです。入院中はいろいろと、心づかいをしてくれたり、見舞いに来てくれたり、励ましてくれたりして、本当にありがとうございました。生まれ変わったつもりで、これから、なんでもがんばりたいと思います」

とあいさつすると、再び拍手がわき起こった。

「そうだよ。よく、命びろいしたつもりでやれとか、生まれ変わったつもりでやれとか言うだろう。まさにS君の場合はそれだ。人間みんな世界に二つとない貴い命を持って、いま、この世に生きているのだと思えば、もっと精いっぱいがんばれるはずなんだ。命を失くしたら、もう何もできないんだよ。S君も、あまり無理しない程度に、自分のことだけでなく、みんなのためにも、今回のお礼返しとして、尽くしてほしい。ますます、いいクラスにしていくために力を貸してほしいな」

と私はつけ加えた。

S君は遅れた分を取りかえすんだと進路決定に向けて再びがんばり出した。

「そんなに無理しなくても、まだまだ大人になるまでにがんばれるチャンスはあるんだから……。命びろいしたことを忘れないで、人生、マラソンのつもりで、マイペースでがんばれば……」

と母親はブレーキかけかけ励まし続けた。

いま彼は、何人かのクラスメイトと共に、同級会の幹事を引き受けてくれている。このような役を引き受けることによって、これから長く、命びろいの恩返しをと、彼はひそかに考えているのかもしれない。

自分には、自分の知らない自分がある

あきらめずに努力を、道は自然にひらける

ぼくはこの世に生まれてから、もう四十六年近くも生きている。その間に命びろいしたことが三回ほどあり、自分の能力について、もうダメかと思ったり、思わされたりしたこともたびたびあった。

中学生のとき、運動が苦手で、体育の成績がことのほか悪く、学年で一番背が低かったぼくは、体育的なことには大変な劣等感をもっていた。

だから、背が低いなら低いなりに、体育が苦手なら苦手なりに、その中でも少しはダメでないものを身につけたいと思って、卓球部を希望した。先輩は、「部員にして伸びる見込みがあるかどうかテストする」と言って、テストされ、結局不合格になって、部員にしてもらえなかった。

受験では、どうしても入りたい学科があったので、よせばいいのに同じ大学を二度も受け、二度とも蹴落とされた。

それだけで、自分はダメ人間であると信じてしまったら、ぼくは、自分ですら知らなかったもう一人の自分を知ることはできなかったと思う。

背丈は、高一のとき、一年間で一三センチも伸びた。中学時代には、先輩には伸びる見込みなしと宣告され、仲間に入れてもらえなかった卓球を、教師になってから始め、体育の先生とある大会で優勝戦を争い、杯を手にした。

というわけで、あきらめさえしなければ、きみの未来に、どんな成長があり、チャンスの到来があるかわからないのである。

大人達は、自分を知りつくして、賢明に生き、見通しのある生活をしているように、中学生のきみには見えるかもしれない。

しかし、決してそうではない。きみと同様に、可能性のあるもう一人の自分を探し求めている大人はいっぱいいる。いや、いっぱいいるどころか、大人もみんなそうだといえるかもしれない。ましてや中学生だ。もっともっと未知の可能性を持つもう一人のきみ、もう二人のきみを知ることはなかなかむずかしい。

だから、あっさりあきらめないで、努力と粘りの限りをつくしてほしい。どんなちっぽけなことにも。**きっともう一人のきみを発見する日がくる!!** と言える。

何かにつまずいて、落胆したり、やる気を失って自分を見失いそうにしている中学生がいたら、私のこの思いを熱っぽく伝えていただけないだろうか。

花を愛する心

教室にいつも花を絶やさず。心やさしきT子、M子さん

私には、花を見るたびに思い出す二人の教え子がいる。一人はT子。もう一人はM子。

「この一年間、教室に花を絶やさないよう努力してくれる人はいないかな」という呼びかけに、ニッコリとして、「私やります」と、サッと手をあげてくれたのはT子だった。T子の家は農業を営んでいて、庭先には四季折々に咲かせる花も植えていた。

当時T子は三十分以上かけて徒歩で登校していただけに、それを続けることは大変だっただろうと思う。何よりも私がうれしかったのは、T子が、新しい花を持ってくると、花器の水を入れかえ、花にほほえみかけながら、一本一本剣山に挿し、生け終えると、いかにもうれしそうに、いろんな角度からそれをながめては、「先生、これできれいに見えますか」と、私にニッコリと語りかけてくれたことだった。

T子は今もわが家に花を生けては、その頃と同じようにニッコリとしていることだろう。

すでに四十年も前のT子の姿を思い浮かべながら、彼女が卒業のとき、私にプレゼントしてい

ってくれたミニ剣山をながめている。私にとっては、その古ぼけた剣山は宝物だ。「これであの子はクラスに一年中うるおいを与えてくれたんだなあ」と当時を思い出しつつ眺めている。

M子の父は画家である。「花のある、うるおい感のある教室に」と、学級通信で訴えたところ、早速、響いてくださった。M子も教室の美化に進んで協力し、学区の境に位置していたわが家から、やはり遠路花を運び続けてくれたのだった。あまりに荷物の多いときは、お父さんが自転車で花を届けてくださったりした。**「絵も花も心です」**。お父さんのその一言が、M子の家庭を包んでいるようだった。

M子が受験期にさしかかった頃だった。

「この時期は、子どもたちも不安が大きくなって、イライラしたり、心がすさみがちです。どれだけたしになるかわかりませんが」と、ピカソとルノアールの絵を額縁に入れて教室に飾ってくださった。

子どもだけでなく、担任の私も、すべての子どもの進路指導を十分にと思えば思うほど、神経をすり減らしている頃だっただけに、本当に心なごむ思いだった。

今、とても欠けているといわれているこうしたホンワカとした心のゆとり。これを大切にしている家庭では、きっと心豊かな人が伸びやかに育ってゆくのではないかと思うのである。

学級会で、時には、「生きた花はすぐ枯れるし、水の取りかえは面倒だから、造花にしよう」という意見が出されることがある。

そのような発言をする生徒は、やはりうるおいのない、ほこりをかぶった造花を画びょうで無造作にとめて気にならない生活を続けるようになってしまうのではないだろうか。

昔、寡黙《かもく》、今ペラペラ

急がず、ゆっくりその子が変わるときを見守ろう

「なんとかして、あの子にしゃべらせる方法はないかなあ」

中一、K子を担任したM先生が、職員室に戻ってくると言う言葉がそれであった。とにかく、いっさい口をきかないのである。出席をとるときも、呼ばれたときも。そして、授業中、「読んでごらん」と指名されたときも、ただ黙って立ち、うんでもなく、すんでもない。「よし、もういい、座れ」と言われなければ、いつまでも立ち続けている。

「いやあ、あの子にはホトホトまいったなあ。読めませんとか何とか、一言でも言ってくれりゃあいいんだけど、何も言わない。指名して、黒板に向かっていたりすると、あれっ⁉　あの子いないのかなと振り向けば、表情一つ変えず黙って立っているんだ。誰か、あの子にモノを言わせる手を知らないかなあ。ね、ねと、声を出させようとして、聞けば聞くほど下を向いて、モノを言おうとしないし。本当に、困った、困ったよ」と、授業から戻ってきた教師は言う。

「ねえ、M先生、どうにかなりませんか。と言われても、M先生も困っているようですね」

全く一言もしゃべらないK子は、毎学期、通信簿には、寡黙、何もモノを言わない、大変消極的といったことばかり書かれ、

「家では、それほど寡黙ではないのに、どうして学校では誰にも口をきかないんだ」

と、そのつど、注意されていた。


三年のとき、私が担任になった。「ようし、今年こそ、K子をしゃべるようにさせて、他の先生を驚かしてやる」と、私は気負い立った。あの手、この手を使っても、全くしゃべらない。よく、あんなふうに黙っていられるものだなあと思った。私も、いいかげんあきらめて、

「まあ、あせることはない。家の人とも仲よくなり、いろいろおしゃべりするようになれば、K子も家の中と外が使い分けられなくなって、しゃべり出すこともあるだろう。毎日、学校へは休まず来るのだから、決して学校が嫌いになったわけではあるまい。まあ、卒業までに一声聞けば上出来だ」

と、ゆったり構えることにした。


つとめて用を頼んでは、一緒に手作業をしたり一人で冗談っぽいことを言ったりして過ごしているうちに、K子は、「ね、そうだろ？」と念を押したりしたときに、頭を上下に振って、イエスの合図をするようになってきたのである。

「これは、しめた!!」と思った。でも、せいては事をし損じる。今までと変わりなく接していったところ、ある日の放課後、手伝いをしてもらっていて、終わったときに、

「ああ、終わった、終わった。これですっかり片づいたね。気持ちいいね」

と言うと、「はい」と、答えてしまったのである。

K子は、とうとう、学校で声を出した!!

私はうれしさのあまり、職員室に飛んでいって、仲間たちに、「出したぞ! 出したぞ! K子が〝はい〟って返事をしたんだ!!」と伝えたい気持ちにかられたが、それが、かえって貝のふたをまた閉じさせる結果になっては……と、グッとこらえて、「また今度手伝ってね」と言って、別れたのだった。

慎重を期して、私は、そのことを職員室で全く話題にしなかった。話題にすることによって、「ね、ね、K子。おまえ山田先生に声出したんだって?」などと他の仲間から言われると、K子は、きっと元に戻ってしまうからだ。

K子の声は、そのとき、一回きりであった。卒業の日も、黙って、私に求められるままに手を出し、握手をして巣立っていった。

「就職したK子は職場でどうしているんだろう」と気にはなりながらも、月日はたっていった。

中学を巣立ってから半年ほどした頃だっただろうか、バスの中で、むこうの座席から、「先生、先生、山田先生」と呼ぶ女の子の声。なんと、それがK子ではないか。招かれて隣りに座った私は、彼女のしゃべりっぷりに、〝驚き、桃の木、山椒の木〟であった。いやあ、まあ、よくしゃべること! バスを下りるまで私にモノも言わせないしゃべりっぷり。

話によると、一緒に隣の席で仕事をしているおばさんがおもしろい人で、いつもうまくいかないところを教えてくれたり、冗談言ったり、食事に連れていってくれたりしているとのこと。その日の仕事について、終業後、反省会をもち、一人一言は絶対に言わなければいけないこと。小さな職場で、みんな思いやりがあって、やさしいことなど、あの寡黙はどこへやらであった。

そのとき、私は思ったのだった。**急いではならない。その子はその子なりに変われるときがある。気長に、見離さず、それでいて、強制せず見守り続けることが大切だ。**やはり、大人、親、教師に、ゆっくりと、期待感をもって待つ姿勢がなくては……と。

ホントに見ちがえるように伸びる子がいる!!

ようやく高校に入学できたS君が、なんとトップで卒業！


日刊学級通信「やまびこ」に、次のような一文を書いた。

S君は冬休みの数学学習会に参加した生徒の一人である。この学習会は、ふだんの授業では思うようにふれあいのできない、学習が思うように進まない生徒と個人的にゆったりした気持ちで、時間制限なしにつき合ってみたいという私の考えで持たれた少人数の学習会である。

いっしょにそうして勉強したい生徒はもっともっと大勢いるのだが、ふだんの授業のように一斉授業になってしまってはという気持ちから、個人指導できる範囲に人数をしぼってやってみた。

この会のねらいは〝やる気〟を掘り起こすことだった。一日やそこいらで、いくら個人指導といっても、数学が得意になり、みるみるうちに理解力がつき、数学の学習が好きで好きでたまらなくなるなんてことはあり得ない。

せめて、「これからがんばるぞ!! その気になってやればできるかも……」と、〝やる気〟と〝春を待つ気持ち〟を持たせてやりたい。それだけでも、参加者の何人かが持ってくれるようになれば、この会はやった意味があるのではないかと考えた。

参加した生徒たちにとっては、一日中、数学の学習をやるなんて経験は今までになかったことであろう。

学習を進めていくうちに、多くの生徒が、正・負の計算の簡単なものはできるのだが、共通しているのは、＋・－・×・÷の計算の順序が不確かで、混乱しているということである。四則計算の式にかっこが入ってきたりすると、ますますまちがいが増え、誤答がワンサと増える結果となる。

テストの結果で見る限りにおいては低い点数しかとれない生徒も、その計算の過程を見ると、全部がわかっていないとか、ほとんどダメというのではないのだ。ある部分がわかっていないために、誤った結果を出してしまうのである。

今回の勉強会に参加した生徒たちは、あちこちでつまずいた。しかし、そのつまずきも、みっちりマン・ツー・マンで見て、直してやれば、本人のやる気が伴えば、相当力の回復がはかれるのではないかと思える生徒たちだった。

「先生、こんなに数学勉強したの初めてだよ」と何人かの生徒たちが言っていた。でも、誰一人として、「わからなくっていいから、もう数学の勉強やめようよ」と言い出す生徒はいなかった。

彼らが問題をやっているうちに、私は修了証書を用意した。

それは、四つ切りの画用紙に、「毎日三十分、粘り強く!!　きっと芽が出る!!　○○君へ　山田暁生より」と、私の下手な筆字で書いたものである。

帰り際に、一人ひとり名を呼んで前に進ませ、修了証書を、もったいぶって手渡し、握手した。

「やる気を根気強く持ち続け、きょうから毎日、必ず三十分は数学を勉強するきみになってほしい。その努力の芽は、いずれそのうち出てくるよ。そう、何か月後かに出てくるかもしれないね。まだ、きみの人生は始まったばかりだ。きみが平均寿命だけ生きるとしても、これからまだ六十年は生きることになる。その間ずっと、〝自分は数学が苦手で、頭が悪いからちっともできない〟と思い込んで生き続けるのと、わずか数か月で、**やればできそうだぞと、自分の可能性に期待できるのとでは、うんと生きがいがちがってくるはず**だ。がんばってほしいね」

と励まし、別れたのだった。

S君は、この私の願いを素直に受け止め、実行に移し始めてくれた。「よし、やるぞ!!」と意を決したのだろう。その日から彼の家庭学習の努力は続けられるようになった。

「いつになったら、あの子勉強を始めるのかしら」と、母親は、S君が中学に入学以来、いつも気をもみっ放しだった。

それが、その日から、机の前に修了証書を貼り、やるようになった。

三学期に入って、S君の授業態度が変化してきた。集中力が明らかに違ってきた。問題を解く態度にも意欲がみられるようになってきたし、「先生、こういう解き方でいいですか」と机間巡視する私を呼び止めるようになってきた。

人間とは不思議なものである。S君は、それ以外の学級の活動などにも積極的になってきたではないか。

春は近い！　きっと芽が出る!!

彼のその頃の姿を見て、私はそう思うのだった。

三学期、S君は、ちょっぴり上がってきた。とにかく、計算問題でも、今までと比べれば、合うものがふえてきたのである。でも、三学期に出る学年末成績は、一、二学期の成績があまりにも重いため、S君の努力は、一つの評定数字に変化を与えるに至らなかった。しかし、数字で表された成績は変化がなくても中身は大違いであった。

「これで、がっかりするんじゃないぞ！　**少しぐらい努力したからって、すぐ報われ、評価されるもんじゃない。**大人になるまでに、いくら努力しても、なかなか報われないという経験を何度もするかもしれないよ。**だけどきみはきみ自身で評価してみてほしい。**人がつけてくれる成績がたとえ上がらなくても、自分の努力はいつか花咲くときが来る。いやきっと力はついてきているはずだと言いきかせてほしいんだ。**伸びていくきみを楽しみに待っているよ**」

と、通信簿を渡したあと、こんな意味のことを言った覚えがある。

その後も彼は努力を続けた。ジワジワ上昇してきた。「近頃Sは上がってきたなあ」という他教科の先生の声も職員室で聞かれるようになってきた。

高校に入ってから、S君の力はグングンつき始めてきた。

思いがけない良い成績を取って、とてもやる気が出てきたとの便りをもらったのは高一の夏休みのときだった。母親からは、

「近頃は欲が出てきたんでしょうか。もう、いいかげんにして寝なさいよ。命あっての物種というじゃないの。身体をこわしちゃ、いくら勉強できても何にもならないのよ。というようなことを言うくらいになりましてね。昔と大違いなんですよ。子どもって、ほどほどというわけにいかないんですね。まあ、やる気がなくて親にイライラさせるよりはいいですけどね」

とうれしい電話があったりした。

高一の二学期も終わりの頃だったろうか。「自分でも信じられない。こんな良い成績をもらうなんて」と、短い便りをくれた。

その後、S君は数学だけでなく、次々とこれまで苦手としていた多くの科目に挑戦の手をひろげ、なんと、高卒時には、先生方から、大学の希望学部、希望学科進学への第一推薦を得たばかりでなく、六百余人の卒業生の中で、成績優秀者として表彰を受けるまでになった。

こうした成果は、いつにS君の長い間の努力のたまものである。父親も電話をくださった。

「わが子をほめるなんて、本当にお恥ずかしいことです。でも、先生でしたら、恥も外聞もなく話をお聞きいただけると思いまして、親バカの姿をさらけ出させていただくのですが、あの子はよくがんばったと思います。中一の頃、身体の調子もよくなく、成績も振るわず、親子ともども気分的にも、とても落ち込んでいました。六年後にこんなにも変わるとは思いもよりませんでし

た。今だに息子の机の前には、もうすっかり変色してしまった先生の修了証書が貼ってあります。いつも怠け心が出てきたときには、その紙を見ては、先生にハッパをかけていただいていたのではないでしょうかね。どうもありがとうございました」

私は、ありがたいことだと思った。あんなちょっとしたことを、こんなにも長年にわたって生かし続けてくれた親子がいる。

S君のさらなる成長と成功を祈らずにはいられない。

こんなことに出会えるなんて、なんて教師という仕事はいい仕事なのだろうか。

電話を受けた私はすっかりうれしくなって、口笛でも吹きたくなってしまった。

涙の卒業式

姿が見えなくても、
心はいつも一緒だった

学校へ行きたくない。学校へ行けない。理由などわからない。でも、私が家にいる。みんな学校へ行っているのに。学校が嫌い。みんな嫌い。学校が好きだけど行けない。不登校の生徒の心は複雑。全国でも多くの子どもたちが学校に行けないでいる。

私のクラスにも学校に来られない生徒がいた。始業式からしばらくの間は登校もできたが、徐々に休みがちになった。

彼女と出会ったのは中学一年生のときだった。明るく元気な生徒だった。何事にも積極的に取り組み、クラスのリーダ的存在と感じていた。

そんな彼女が学校を休みだしたのだ。体調の悪さということから休みが始まり、理由のない休みになっていった。

母親は毎朝、「先生、今日も休みです」「先生、すみません。今朝も学校へ行けません」「先生、今日も休ませてください」と、学校へ電話を入れてくれた。

欠席をするときは、学校へ連絡を入れるようになってはいたが、母親の声を聞くと、私が「ごめんなさい」と言いたい気持ちになった。**母親は苦しんでいる。彼女も苦しんでいる。**それなのに、担任の私が何もできないでいる。「学級担任としての仕事が出来ていないのではないか。もっとクラスの子どもの心が見えなくてどうするんだ」と自問自答していた。

何度も家庭訪問をした。彼女が出てくることはなかった。部屋にいる彼女に聞こえるように大きな声で母親と学校のことを話した。母親に伝える内容ではない。すべて、彼女に聞いてほしいことばかりだった。家庭訪問をするたびに、母親を前にして、部屋にいる彼女へむけて大きな声で学校のことを話してきた。

クラスの子どもたちは、毎日学校帰りに授業で配られたプリントなどを持って彼女の家に寄っていた。彼女の机の中は、プリントがたまっていることはなかった。手紙を彼女の家のポストに入れてくるクラスメイトもいた。

でも、彼女は学校に来なかった。彼女の誕生日がやってきた。クラスでは、クラスメイトの誕生日には、「ハッピー・バースディ」の歌を歌っていた。彼女は教室にいなかったが、クラスの子どもたちは彼女のためにみんなで歌を歌うという。みんな大きな声で彼女のために歌を歌い、誕生日を祝った。歌の途中で男子が、彼女に聞こえるように、彼女の家の方を向いて歌おうと言った。みんな、彼女の家のほうを向いた。彼女に聞こえるようにと、窓を開ける子どももいた。彼女の家まで声は届かないだろう。でも、クラスメイトの心の声はしっかりと届いていると確信した。**彼女がこの場にいなくても、クラスメイトの心の中には、しっかりと彼女の姿があったのだ。**

ある日、突然、彼女が登校した。みんな喜んだ。でも、私は彼女を家に帰してしまった。彼女は、今まで休んでいたので、どんな格好をして、どんなふうにみんなと話せばよいのか悩んだと思う。彼女なりに悩んだ末、服装を乱しての登校だった。アクセサリーなどを付け、目立つ格好で登校したのだ。

彼女の気持ちはとてもわかっていたのだが、その格好で一日学校にいることが彼女にとってよいのかどうか迷った。一校時の授業が終わったとき、「その格好で一日生活する?」と彼女に尋ねた。彼女は答えず、家にもどった。

クラスにもどると、子どもたちは驚いていた。驚くというより怒っている様にさえ見えた。一人の子どもが「先生が一番来てほしいって思っていたんでしょ。どうしてAさんを帰したの?」と言ってきた。クラスの子どもたちに「私はよろいをつけた彼女が見たいんじゃない。もっと彼女らしい姿で登校してほしいんだ。みんなもそうじゃないのか? 自分を一生懸命に隠そうとして、自分らしくない姿で登校をしている彼女をうれしく迎え入れていいのか?」と伝えた。「でも、ここにいてほしい」と訴えてきた子どももいた。

彼女が帰って、すぐに家庭へ連絡をした。彼女は母親に学校であったことを話していた。「私が思っていたことを先生は言ったよ」とうれしそうに話したという。彼女に申し訳ないと思った。一生懸命にがんばって登校したのに……。「ごめんね」と心の中でつぶやいた。

修学旅行が近づいてきた。どうしても彼女に参加してほしかった。修学旅行の話し合いに彼女はいなかった。クラスメイトが決めた部屋割りにも、班にも、係り分担にもすべて彼女の名前が載っていた。

母親は「修学旅行に参加できないかもしれない」と伝えてきた。「ぎりぎりまで待ちます」と母親に話した。旅行業者の方にも事情を話し、ぎりぎりまで待ってもらった。しかし、その期限が来ても彼女の参加希望は出なかった。クラスの子どもたちにどう伝えればよいのか、言葉が見つからなかった。とうとう修学旅行前日となった。子どもたちに話さなければいけない。修学旅行事前説明会が終わった。私が何かを話したいのだということを子どもたちは感じ、静かになった。沈黙の時間が長く感じた。「実は……」言葉を選んでいた。みんながっかりするだろうと思った。「実は、彼女は明日の修学旅行に行けない」と話した。生徒たちはその場の雰囲気からわかっていた。「でも、明日の朝、来るかもしれないよ」と声をかけてくれた子どももいた。言葉を続けた。「明日からの修学旅行は、みんなにとって一生の思い出になると思う。でも、彼女のための修学旅行にもしてほしい」と話をした。

修学旅行先では、みんなとても楽しんでいた。お土産屋で彼女へのお土産を買っている子どももいた。「みんなで買おうよ」と言う声が出た。お互いに自分のお小遣いを少しずつ出し合って、代表の子がお土産を買っていた。

夜の反省会の後、子どもたちに提案をした。「クラス全員で修学旅行に来られなかった。今、みんなは京都の地で楽しい思い出を作っている。この思いを彼女にも伝えてほしい。みんなの楽しみを分けてあげてほしい」と話しながら、京都で買った絵葉書を子どもたち一人ひとりに配った。それぞれが、真剣に彼女へ手紙を書いた。「今度一緒に来ようね」「京都、楽しいよ。お土産買ったからね」など、それぞれの思いを書き、京都から彼女へ手紙を送った。

修学旅行から帰ってきて、彼女の家にお土産を持って行く子どもたちもいた。私もお土産を持って家庭訪問をした。お母さんが、クッキーを出してくれた。「娘が先生に食べてって、作ったんですよ」と教えてくれた。うれしかった。玄関を出るとき、彼女の部屋に向かって「おいしかったよ。ありがとう」と大きな声で伝えた。

卒業式が近づいてきた。彼女は卒業遠足や他の卒業期の行事もすべて参加しなかった。卒業式の練習が始まった。来てほしかった。みんなと一緒に思い出を作ってほしかった。でも、彼女は来なかった。

卒業式当日、朝からみんなそわそわしていた。いつもより早く登校する子どもも多くいた。朝、彼女の家に寄ってきた子どももいた。「先生、今日Aさん、来るって。だから『先に学校に行ってね』ってお母さんが言っていたよ」と教えてくれた。昨日、母親と話をしたときには、「明日いく気配がなく、何も支度をしていない」と言っていた。迎えに行った子どもが遅刻をしないように、と母親が気を遣って「今日は行くよ」と言ったのだろうか、といろいろ考えていた。時間がどんどん過ぎていく。彼女は姿を見せなかった。子どもたちは、教室で胸に花を付けた。彼女の花は私が自分の胸に付けた。廊下に並ぶ時間が来た。「先生、私たちAさんを迎えに行きます！」と数名の生徒が言ってきた。「もう時間がない。待とう。彼女が来るのを」と話し終えると同時に、子どもたちは体育館前への移動が始まった。

式は始まった。彼女は来なかった。卒業証書授与を終え、歌を歌っているときだった。体育館のドアが開き、彼女が体育館に飛び込んできた。自分の座る場所も分からず、体育館の中央まで走ってきた。

彼女に駆け寄り、私の胸に付けていた花を彼女の胸に付けた。言葉はなかった。そのまま彼女の席に案内した。私は教職員の席に戻った。学校長が私の後ろに来た。「今からもう一度、卒業証書授与をするから」と伝えてくれた。

司会が「ここでもう一度卒業証書授与を行います」とアナウンスした。私はマイクの前に立った。彼女の名前が涙で呼べない。声にならない声で彼女の名を呼んだ。学校長が彼女のために大きな声で卒業証書を読み上げてくれた。会場にいるみんなが泣いた。本来の彼女の姿で、しっかりと学校長から卒業証書を受け取った。

卒業式の後、会場で記念撮影をした。彼女の周りにみんなが集まった。「これから食事会行くけど、一緒に行こうよ」と誘っていた。保護者も彼女の母親を食事に誘っていた。

この間に、在校生がグラウンドで、卒業生を送ろうと並んで待っていた。卒業生が在校生の間を歩き出した。在校生と握手をし、声を掛け合い、別れを惜しみながら歩いていた。

その姿を在校生の列の先頭から見ていた。彼女は最後のほうから歩いてきた。私を見つけ、色紙を渡してくれた。

その色紙には、クラスみんなからのメッセージが書かれてあった。彼女のところには「先生のクラスでよかった。みんなと一緒でよかった。ありがとう」と書かれてあった。

その場に姿が見えなくても、彼ら、彼女らはみんなつながっていた。みんな一緒にいたかったのだ。思いは見えないもの。見えなくても届くもの。一人ではないんだ。誰かが必ずいてくれる。みんな一緒なんだ。見えないものほど、しっかりと届くものがある。

きれいな黒板、ありがとう！

気持ちよく先生を迎えようと……。A子さん、ありがとう

先徒たちの学校生活の一つに、日直という仕事がある。私の勤務校では、日直は二人で組んで一日の仕事に当たっていた。

この日直をさせるねらいは、
① 協力精神を培う。
② みんなが気持ちよく一日の学校生活が送れるよう、主として教室環境を整え、あわせて、奉仕精神を養う。
③ 一つの仕事を完全にやりとげる態度を養う。
およそこの三つになろう。活動の仕方は学校によって違うし、同じ学校内でも、学年によって、クラスによって違うこともあって、日直という仕事は、こうしなければならないという定まったものはない。

だから、私の学校でも様々であるが、どんなやり方をしようが、日直活動のねらいは、どんな

場合でも、おそらく、さきの三点にしぼれるだろう。

ところが、この日直という仕事一つとっても、生徒によって、それをどこまできちんとできるかということになると相当大きな差がある。「①②③のねらいがあるのだから、それに合うような仕事をしなさい」と言ってみたところで、何をやっていいかわからない。

放っておくと、まったく何もやらずに、日誌に簡単に記して、それだけで終わりということにもなりかねない。

そこで、五、六年前あるクラスを受け持ったときに、「日直の仕事は何をすべきか」「さきの三つのねらいを達成させるには、どうすればよいか」を話し合った。その話し合いをベースに、議長団の方で原案をクラス委員と協力して練り上げ、〝日直勤務点検表〟なるものを作ったのである。その日の日直によって、やることがまちまちであったり、評価もまちまちというのでは、結局、そのうち仕事のやり方もいいかげんになり、無責任なやり方もまかり通ってしまうこともあり得るので、その点検表にそって、登校してから下校までの日直活動をしていこうということになった。私が勤務していた校では、こうして作られた点検表をもとにして、おおかたの学級では日直活動が行なわれているようである。

次の表は、その日直勤務点検表である。

日直勤務点検表

〔　〕月〔　〕日〔　〕曜日　日直氏名〔　　　　　〕

1．２人そろって８時30分に勤務についたか。
ひとりは日直日誌を取りに職員室に来る。もうひとりは教室の窓を開けたり、室内を簡単に整理整頓する。　Yes　No

2．窓をきちんと開けたか（暖かく天気のよい日）　Yes　No

3．室内の床及び廊下にごみは落ちていないか。黒板消しはきれいになっているか。確認し、清掃！　Yes　No

――――――――― 上のことを、８：40までにやっておく ―――――――――

4．次の授業がやりやすいように、休憩時間にきれいに黒板をふいておいたか。　Yes　No

5．黒板ふきは授業で使いやすいように粉をはたいてあるか。　Yes　No

6．帰りの学活で司会をし、日直の引き継ぎもきちんとすませたか。　Yes　No

7．清掃の点検を行い、その徹底に努力したか。（よくできていないところは清掃当番にきちんとやり直させる）　Yes　No

[清掃点検]		教　室	特別教室
1	ごみ箱のごみは捨ててあるか		
2	清掃用具のあとしまつはきちんとできているか		
3	雑きんはゆすぎ、きちんとかけてあるか		
4	ロッカー以外に私物を置きっ放しにしていないか		
5	破損しているところはないか		

8．花びんの水はとりかえたか。　Yes　No

9．教室の窓、廊下の窓を下校時にきちんと閉め、教室の電灯は消してあるか。　Yes　No

10．職員室へ２人で記入ずみの日誌を持ってきたか。　Yes　No
これで私たちの日直の仕事は終わりますが、日直としての１日の勤めを十分果たすことが

〔できました〕→引き継ぎ
〔できませんでした〕→あすも継続

あるクラスへ授業に行ったときのことだった。もう、授業も第四校時目のときである。第一校時から、書いたり消したり、何度も使われているはずの黒板が、白墨の粉もすっかり拭きとられ、すばらしくきれいになっているではないか。私の気持ちはスカッとし、うれしくなってつい言葉に出してしまった。

「いやあ、きれいな黒板だね。前の授業の字があちこちに残っていたり、ガチャガチャ消しをして、黒板にまっ白な黒板ふきの走った跡がついていたりすることもあるけど、今日の黒板は本当にきれいだね。こんなクラスに授業に来るのは楽しいな。何だか私を待ってくれているような気がしてね。

今日は誰が消してくれたのか知らないけれど、今日の黒板の字を消してくれた人は、よっぽど誠意のある人だと思うなあ。こんなにきれいに消すのは、そりゃあ、とっても大変なことだよ。こんなきれいな黒板を使って授業を始めるとなると、先生の心も何だか改まるね。ひきしまりもする。いいかげんな書き方はできないな」

授業はとてもよい滑り出しで進んだ。生徒たちの反応もよく、ひきしまった雰囲気が一時間中漂っていた。

「今日は、とっても能率のいい授業ができたな。これも、きれいな黒板が待ってくれていたおかげだよ。この次も、こんな黒板で迎えてほしいなあ」

終わりの礼をすると、私はそう言い置いて教室を出ようとした。

そのとき、A子が、私の所に近寄ってきて、そっと言った。

「先生、今日、わたし日直なの。このあいだ先生が、**よい授業は生徒と先生の心の通い合いがあってこそできる**って言ってたでしょ。それは黒板のふき方一つにも表れるって言ってたから、前の休憩時間に、ずっと、何度もふいていたの。先生が授業に入ってきて、すぐほめてくれて、とってもうれしかった」

それからというものは、A子は私にニコニコとよく話もかけるようになってきた。

よい教育相談に欠かせないのは、ラポールだと言われる。相談にのってもらう者と、それを受け、相手をより良い方向へ導いていく役割の者とが、まず、温い心を通わせ、溶け込み合わなければ、教育相談は成り立たないということである。私たち保護者や教師は心を知る努力を怠り、ああしろ、こうしろ、そして、がんばれと、多分に押しつけ的に事を運ぼうとしていはしないだろうか。

それよりも、もっと、彼らが自発的に事をしようとする心を引き出す努力をしてはどうだろうか。

「きみのおかげで……ありがとう」「○○してくれるととっても助かるんだがなあ」「きみが○○してくれて、ほんとうにうれしいよ」といった大人の側の心の持ち方は、きっと伸び盛りの子どもの心をふるい立たせる促進剤になるように思えるのである。

ハッピー・バースデイ・トゥー・ユー

クラスで仲間たちの誕生会を。
A子、I子さんの働き

いま、子どもたちの間で、シカトする、シカトされるといった言葉がよく使われている。どこから由来している言葉か私は知らないが、〝無視する〟〝無視される〟という意味である。

動物は本来、群れていたがる。それは、集団の中に入っていることによって、自分を守るという意識が本能的に働くためであり、人間の場合、それ以外に、集団の一員としていることによって、助けられたり、協力し合って成果を高めたり、一人の力よりもより多くの力の結集の方がうんと大きな力を発揮できることを十分意識できるからであろう。

しかし、一方では、その集団に埋没し、自分の存在が他の仲間たちに全く意識されなかったりすることを決して好んでいるわけではない。常に自分の存在を認めさせたがっているし、より抜きん出た存在になりたいとか、集団の一員として、みんなから、存在の必要性を感じられるような自分でありたいと願望している。だから、オリジナリティーとかユニークさには誰もが関心をもち、できれば自分もそういうものを持ち、発揮したいと考えている。

そのへんのかね合いに、子どもたちも腐心しているらしい。あまりユニークすぎると、「あいつは変わり者だと、みんなからはじかれはしまいか」と気をつかい、それがあまりなさすぎると、みんなから認められず、時には「無視される存在になってしまいはせぬか」と思ったりする。

みんなから、出すぎず、遅れ過ぎず、そして仲間に引き入れられ、認められて、自分の存在価値が集団の中ではっきりしている。

そういう存在に子どもたちはなりたがっているのである。実は、これは子どもだけではない、大人だって同じではないだろうか。だから、人間みんな同じと考えてよい。

しかし、心の中ではそう思っていても、現実には、その思いをなかなか実現できないで悩んでいる生徒も多い。

「放っといてくれよォ」と、腹立ちまぎれに、はき捨てるように言いながら、胸のうちでは「いつまでもかまい続け、関心を持ち続け、かかわり続けていてほしい」と思っていたりする。だから、親や教師の、つかず離れずの距離の保ち方がとてもむずかしい。

いま、親子関係で一つ問題になっていることがある。**それは、一人っ子、二人っ子家庭の増加に伴って、過保護や母子密着が、かえって子どもの成長・発達を阻害している**ということだ。子どもと親の距離を狭めすぎて、親も子どもの正常な発達を大局的にながめられにくくなり、子は子で、いつも親の目の中、手の中にあって、独立独歩の精神と体験が得られず、年齢だけは上がっていくという状況を生み出している。兄弟姉妹が少ないために、助け合いの訓練も家庭でなかなか思うようにできない。〝私（親）守る人、あなた（子ども）守られる人〟という関係が、うんと長年続く。豊かな精神的発達が期待できる幼・少・青年期を、ずっと保護されっ放しで過ごすことが大きな弊害を生むとも言われている。

どこまで周囲の者が保護し、どの部分は時には寒風にさらし、劣悪条件のもとで自己克服をしながら自らを鍛えさせるか、このかね合わせはとてもむずかしい。この点が、いつも親・教師の悩みの種である。

話は少々横道にそれかかっているので、元に戻そう。

子どもたちは、そんなわけで、一人ひとりがみんなからシカトされることを恐れ、仲間に受け入れられることを待ち望んでいる。受け入れられたとき、大変喜びを感じ、満足する。

そのような体験をできた日は、「ああ、今日はいい日だった」と心が安らぎ、明るくなって、「ただいま!!」の声も一段と張りが出てくる。その反対に、無視されたり、のけものにされたりして悲しい思いをした日などは、「ただいま」を言う元気もなく、親とも話したくなって、ひっそり自分の部屋にこもってしまうことだってあるのである。

十人十色の子どもたちの中には、たくましい子、弱々しく、自分を前に押し出せない子、ひっそりと誰かが引き出してくれるのをひたすら待つだけの子と、いろんな子がいる。

もちろん、そのような子どもたちを一律に扱うわけにはいかないが、誤った扱いをしてしまうと、「あの先生はAやBだけをひいきしている」とか「あの先生は不公平だ」と非難され、それが結果として、指導のむずかしさとなってはねかえってくることがある。

教師の大勢の子どもたちへの対応のむずかしさは親のわが子への対応のむずかしさとは比較にならない。教師が個々の生徒に積極的に働きかければ働きかけるほど、このむずかしさは、生徒の側からも、わが子を目の中に入れても痛くない親の側からも求められる。

大勢の子どもを同じように満足させる対応をしながら、なおかつ、個々の子どもの持ち味を生かした個別的対応をしていかねば、指導はうまくいかないのであるから、むずかしい。

私が担任したクラスでは、全員の生徒たちの誕生祝いをよくしてきた。

「大人になりたがって、背のびしている中学生なんかに、ちょっと誕生祝いなんて、幼児扱いじゃないですか」という人もいる。でも私は、自分の心に問いかけてみると、もう、人生の前半は終わって、折り返し地点を過ぎ、平均寿命まで生きられるとして、あと何年、いや、何月、何日残っているかと考える年になっても、

「この年で、誕生日おめでとうなんて、ちょっと気恥ずかしいね。また一つ年をとって、ご愁傷さまって感じですよね」と言いながら、やはり、「おめでとう」と人に言われることはうれしいのである。

つまり、どんなことでもいいから、人はほめられたいし、励まされたいし、感謝されてうれしいのである。それが、次へのやる気の点火役をしてくれるのである。

中一担任のある年、わがクラスでは、A子、I子が誕生日係を買って出てくれた。私を含めて

四十二人の〝家族〟。このクラス家族みんなの誕生日のために、タイミングよくお祝いの日を設定し、その日に向けて、一枚一枚全員のサインによる色紙を仕上げ、ささやかなプレゼントの用意をする。心ばかりの費用を集金し、A子、I子が休日に町へ品選びに。お祝いの日には、A子、I子から、みんなを代表して、プレゼントが手渡され、ハッピー・バースデイ・ツー・ユーを大声で歌う。

歌われる方は、とても気恥ずかしそうだ。でも、そのときに浮かべる子どもたちの笑顔は、どの子もすばらしい。

「自分の誕生日がもう終わったからといって、友達の色紙のサインをいいかげんに書くんじゃないぞ!! **一人ひとりの誕生日は、みんなその人にとっては大切な日だ。この世に親から命をもらって生まれてきた何よりも大事な日だ。**

人の命は誰にとっても貴い、二つとない貴重なものだ。だから、心をこめてサインをしてほしい。自分の一回の誕生祝いをしてもらうために、四十一回の誕生祝いも心をこめてしよう!」と念を押す私。

クラスも家族もたくさんの歯車がかみあった機械のようなものだ。誰がいいかげんであっても困る。好き勝手なことをして、他の歯車を無視するような動きをしたのでは、機械は正常に動かない。

誕生祝いはクラスという機械が円滑に動くようにするための潤滑油の役割を果たしている。A

子、I子のきめこまかな一年間の働き、そして、クラスメイトたちの協力。どれもが学級家族のために不可欠なものである。

担任の私も、そのような子どもたちに支えられて、どうにか担任という役をつとめられているのだと思うと、すすんで役を引き受けてくれる生徒たちに「ありがとう」の気持ちが自然とわいてくるのである。

子どもたちの姿を見ていて、教師も親と同じような心境になることが度々ある。今、目の前にしている生徒たちと同じ年頃の子を持つ私は、学校にいるときも、家にいるときも、同じ気待ちになってしまって、なかなか切りかえがつかないことが多い。

子どもたち同士が仲よく、思いやりの心を持って接し合っているのを見るときほどうれしいことはない。これが子を持つ親の喜びかと思ったり、これが〝大勢のわが子〟を持つ担任の喜びかと思ったりする。

みんなが力を合わせて、目標を達成したとき、「ヤッター」と、子どもたちと共に胸がおどる。

逆に、いがみあい、ある子がある子をのけものにしたり、いじめたりして、ゴタゴタが絶えないとき、「どうしてこうも仲が悪いんだろう」と、悲しくなり、逃げ出したくさえなる。

親と子どもと教師は、もっともっと話し合うチャンスを努力して持ち、上べだけの話し合いでなく、心の奥底から、もっと喜びや悲しみや悩みや願いを出し合っていかなければ、よい教育への方向は生み出せないのではないだろうか。

「にこにこ」と「にっこり」

子どもたちの感性は大人の想像をはるかに超えていた

小学校で国語科の授業研究があった。その授業を参観させていただいた。どの授業にも毎時間、授業のねらいがあり、そのねらいにむけて授業が展開される。

教科書を読み進んでいる教師の声を止めるように、突然女の子が「先生、ここに書いてある『にこにこ』と『にっこり』ってどこがちがうの?」と教科書を指差しながら先生に質問をした。

先生は、教科書を読むのを止めて、その子の質問を真剣に聞いた。他の児童もこの二つの言葉の違いに疑問を感じ始めていた。

先生は、「みんな、『にこにこ』と『にっこり』ってどこが違うのかな? みんなで考えてみようか」と、指導案に書かれてある授業の流れを変えたのだった。

教室の後ろで授業を見ていた私は、「にこにこ」と「にっこり」は、どこが違うのかわからず、もしかしたら違いなどないのだろうと思いながらも、近くに置いてあった辞書で調べはじめた。

辞書には「にこにこ」も「にっこり」も「声をださず、うれしそうに笑うようす」と書かれてあった。この説明では理解できず、教室の後ろにあったもう一冊の辞書を開いた。そこには「にこにこ…楽しそうにほほえみを浮かべるさま。にっこり…にこにこ」と書かれてあった。やっぱり「にこにこ」と「にっこり」は同じことなのだろうと自分なりに納得した。

私が教室の後ろで辞書を調べていると、一人の女の子が「先生！　わかった！」と大きな声と同時に手をあげた。先生も、クラスの児童も、みんながその児童の方を向いた。

「ねぇねぇ、どう違うの？」「顔の表情かな？」「言い方が違うだけなの？」「〇ちゃん、どう違うの？　早く教えてよ」とみんなが、声をかけた。

その女の子は、ちょっと照れくさそうに立ち上がり、すごくうれしそうに話し始めた。「先生、話してもいい？　私、分かったんだ。『にこにこ』と『にっこり』って違うんだよ。にこにこは、いっぱい、にこにこするんだよ。にっこりは、にこっ、と短くするんだよ」と言う。「え〜、そうなの」「先生、そうなの？」と、言いながらクラスの子どもたちは、にこにこ顔とにっこり顔を自分なりに表していた。みんなの頭の中で二つの言葉がぐるぐる回っているようだった。

「先生、答え教えてよ」と言う児童も出てきた。でも、先生も答えがわからない。先生は「ごめんね。今、先生もみんなと一緒に考えているの」と児童に語りかけるのだった。「え〜、先生もわからないの？」と驚く子どももいた。小学校低学年の児童にとっては、先生は何でも知っていて、なんでも答えてくれる存在だと思っているだけに、「先生も一緒に考えている」という言葉に驚いたようだった。

次の瞬間「先生！　わかった。本当にわかった！」と男の子が元気な声を出した。椅子から立ち上がり、そのまま教室の前に出て行った。「みんな見て。こうだよ、こう。よく見てよ」と言いながら、自分の顔で「にこにこ」と「にっこり」の違いをみんなに伝えようとした。

男の子を見ていたほかの児童は、その男の子の顔を真似していた。「この顔が『にこにこ』なの？」「どう？『にっこり』になってる？」など、顔まねを始めたが、「ねぇ、わからないよ。どっちが『にこにこ』でどっちが『にっこり』なの？」と子どもたちが騒ぎ出した。それでも、必死に「見てよ。この顔が『にこにこ』、この顔が『にっこり』だよ。わかるでしょ。こうだよ」と必死に、何度も伝えようとしていた。みんながなかなかわかってくれないのでちょっと寂しそうに自分の席に戻って行った。

「あっ！」と小さな声で、しかも、教室中に響く感じの声がした。別の女の子がそっと手を挙げた。「先生、私、本当にわかったよ。本当だよ」と、必死でわかったことを伝えようとしていた。「○○ちゃん、本当にわかった？」「すごい」「教えて、教えて」教室がざわめいた。みんながざわめけばざわめくほど、彼女は元気がなくなった。ぽつりと「たぶんだけど、いい？」と言いながら、小さな声で話し始めた。

「たぶんだけどね、たぶんだよ。違っているかもしれないけど聞いて」と前置きが長くなっていた。思わず「わかった」と言ったものの、自分が考えたことが正しいのか不安だったのだ。

「私ね、うれしかった日のことを思い出していたの。だって、うれしいときは、みんな楽しそうに笑うよね。だから私がうれしい日のことを考えていたら、わかったの。『にこにこ』と『にっこり』って違うんだよ。私、わかったんだから」とみんなの方を向きながら必死で話しだした。「きいてね。○○ちゃんの誕生日にプレゼントをあげようとしたとき、私の顔は『にっこり』していた。『にっこり』しながらプレゼント渡したんだ。私の誕生日に、みんながお祝いしてくれてプレゼントをもらったの。そのときすごくうれしくて、私『にこにこ』していた。お母さんが、『すっごく、にこにこしているね。うれしいよね』って言ってくれたんだ。だから、プレゼントをあげるとき『にっこり』するよ。プレゼントをもらうとき『にこにこ』しちゃうんだ」と、大きな声で、クラスのみんなに話したのだった。

その話を聞いたクラスの子どもたちは「わ〜、そうだね。そうだよ。プレゼントをもらうとき、うれしくて私も『にこにこ』するよ。プレゼントをあげるときは、なんかわくわくして『にっこり』しながらあげるよね」とみんなが納得しているようすだった。

今まで自分が体験した誕生日の心の中のワクワク、ドキドキした気持ちから、「にこにこ」と「にっこり」を感じたのだった。

確かに、プレゼントをあげるときと、もらうときでは違いがある。わくわくして「にっこり」しながら、プレゼントを渡す。うれしくて「にこにこ」しながらプレゼントをもらう。この回答に子どもも大人もみんなが納得した。そして、自分の体験と重ね合わせていた。

この女の子の回答は、どんな辞書よりも、多くの人を納得させる言葉だった。この回答を聞いたクラスの子どもたちの表情はとても明るくなった。

指導案のとおりに進まなかった授業であったが、児童も先生も充実した授業だと感じていた。参観していた私も同じ気持ちだった。

大人が知識として知っていることを子どもたちに単に伝えていくだけでは、子どもたちはどれだけ理解し、納得することができるだろうか。辞書を引き、そこに書かれてある言葉を教えるだけでは、身につかないものがある。

子どもたちは日常生活の中で、体験して身につけていくことがたくさんある。文字だけでは納得できないものがある。

この授業の中で、教師が「さぁ、みんなで『にこにこ』と『にっこり』を辞書で調べてみましょう」と指示をしたら、子どもたちはどのような反応をしただろうか。きっと、「なんだ、同じ意味なんだ」で終わってしまったかもしれない。


子どもたちは大人が想像もできないほどのすばらしい感性をいつも持っている。子どもたちが持っているその感性をさらに引き出させるのは、たくさんの体験と教師の言葉がけである。


子どもたちの発想力と想像力は無限大である。

子どもたちの無限の輝きに感動で心が震えることがある。

三年間弁当を作り通し、がんばったＹ子さん

卒業式で一人一言。教師たちからのプレゼント

卒業式を間近に控えたある日の学年職員会議のことだった。

「自分で言うのは何だけど、われわれも、よくここまでがんばってきたね。毎日毎日、いろんなことがあったなあ。そのつど、どうするか頭を悩ましたこともあったし、走り回ったこともあった。すべて、過去のものになりつつあるわけだけど、生徒たちも生徒たちなりに、よくやってきた面もあったなあ。

三年間無欠席でよく通い通した子もいるし、目立たないけど、いつも何か学年行事がうまくいったときには、あの子たちの働きが縁の下の力持ちになっていたという子もいたね」

「そうだ、今年の卒業式には、卒業証書を、ただ名前を呼んで校長が授与するというのではなく、一人ひとりの三年間の生活を総括して、みんなの前で担任が、その子の良さを披露してやろうじゃないの。三百三十名の子一人ひとりに、中三生らしい値打ちのある良さをみんなの前で披露するのは、その言葉を与えるのがまず大変だけれど、生徒にしても、参列した親たちにしても、と

てもうれしい思い出となるんじゃないかと思うけどねえ。時間的に無理かな」

こんな議論がしばらく続いて、他は削っても、これこそやろうではないかということになった。学校の儀式委員会でも条件つき（マンモス校のため従来の時間が限界、それ以上延ばさないようにするということ）でそのアイディアは認められた。

卒業式は学校行事である。しかし、主人公は卒業生たちである。式の形式やタテマエだけが先行して、やたらと仰々しくやっている割には中身がなく、来賓の延々と続く空虚な言葉を卒業生が、ここがしんぼうのしどころと、退屈をおさえて聞く。これでは、どうもというわけである。

教師の側にもだんだん欲が出てきて、「せっかくの一言だ。全生徒の一言を一冊のパンフレットに収録し、校長の式辞、卒業生代表の答辞も含めて、卒業生全員に記念にあげようではないか」ということが直前になって決まった。卒業式の前夜八時頃だった。その冊子「巣立つきみに贈る」がようやく出来上がったのである。

その中から、いくつかを抜き出してみよう。

●A子……家庭科部長として活躍した。
●B子……学級委員としてクラス作りに貢献した。
●C子……委員・係に誠実に取り組み、責任をよく果たした。
●D子……修学旅行実行委員としてよく活躍した。
●E男……責任感が強く、まじめにコツコツ努力し続けた。

●F男……三年間まじめに保健委員活動に取り組んだ。

●G男……野球部エース・ピッチャーとして活躍した。

●H子……体操部の部長として後輩の面倒をよくみた。

●I子……合唱コンクール実行委員として活躍。

●J子……何ごとにも地道な努力を怠らなかった。

●K男……三年間無欠席。体育委員として活躍。

●L男……清掃活動を熱心に誠実にやり通した。

●M子……学級活動・福祉活動に積極的に取り組んだ。

●N子……イラストがうまく、大変きちょうめんだった。

●O子……一年中教室に花を絶やさなかった。

●P男……はっきりものを言い、責任感・正義感をもっていた。

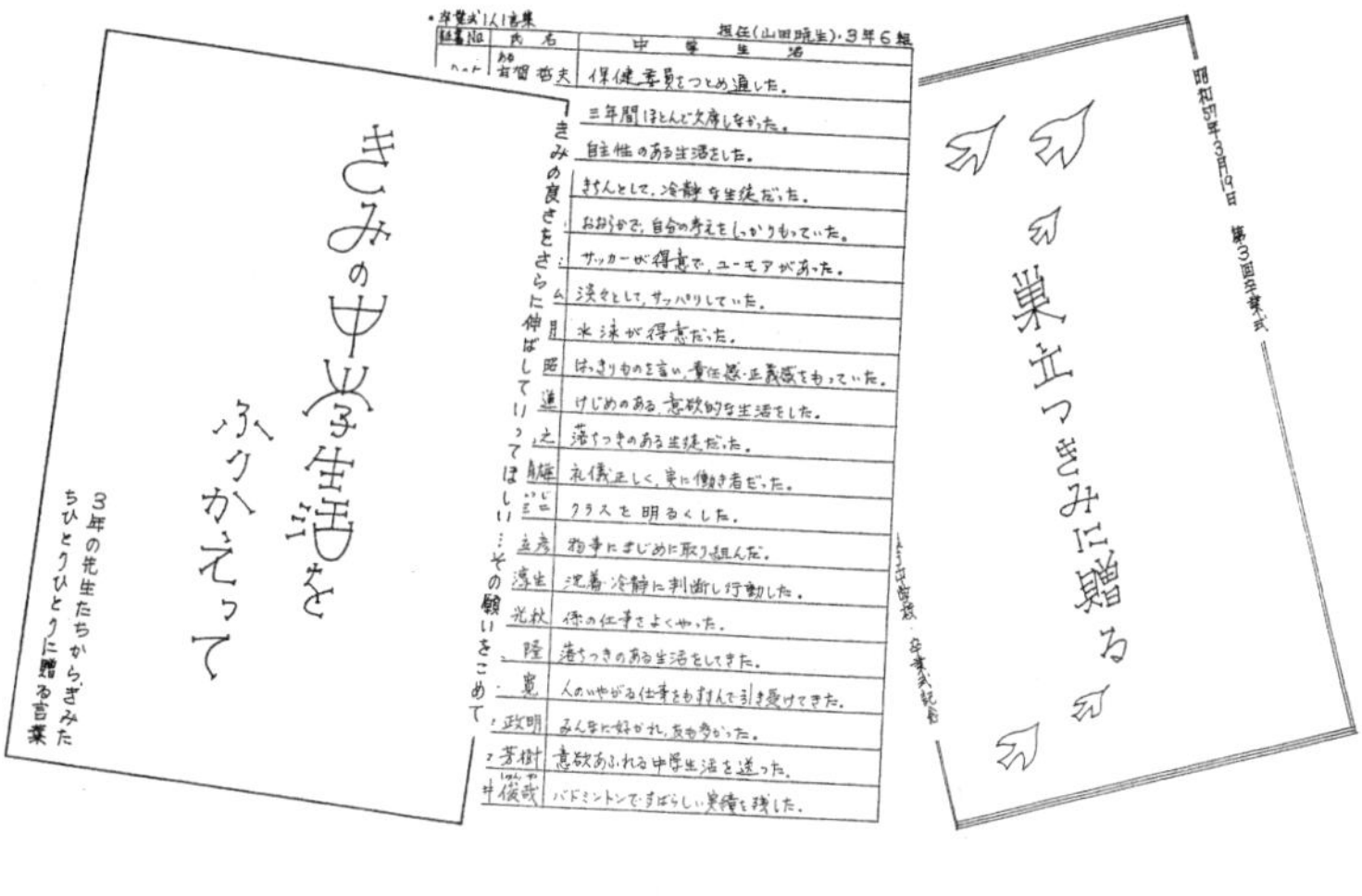

●Q男……礼儀正しく、とても働き者だった。
●R男……何事にも意欲あふれる中学生活を送った。
●S男……バドミントンですばらしい実績を残した。
●T子……体育祭の応援部門一位の原動力となった。
●U子……家業の手伝いをよくやり、親からも喜ばれていた。
●V子……明るい性格は教室をいつもはなやいだものにした。
●W男……放送委員として、各行事の放送設営に積極的に行動した。
●X男……自分にきびしい姿勢はクラスの模範だった。
●Y子……三年間弁当を作り通し、がんばった。
●Z子……体育祭マラソン第一位。ファイトの持ち主で努力家。

こうして三年生を送り出したわけであるが、それだけに、〝卒業式の日の生活指導上の不安〟は全然なかった。学校の日常生活は、決して安定していたわけではない。生活指導が楽であったわけでもない。いろんなことが日常起こっていた。

しかし、「われわれのこれまでの対応のし方を子どもたちがわからないはずはない。きっと、こちらの思いをわかってくれているはずだ」というのが、私たち教師集団の結論であった。

とても思い出多い卒業式であった。とりわけ、式中の一人一言が思い出となった。その一言一言を今かみしめてみるとき、つい大人たちが見逃しがちな、すばらしい面をどの子も持ち合わせ

ているることを痛感するのである。と同時に教えられたことは、

「ちょっとしたことで、〝この子は悪い子だ〟とか〝この子はどこまで悪くなってしまうのだろうか〟とか、〝この子はろくなことをしない子だ〟〝この子は、ろくなものにならない〟と、決めつけ、思いこんではいけないということである。長い目で見なくてはいけない。成長期にいろんなことが起こることも、その子の成長にとって、必要な栄養なんだと、おおらかな受け止め方も大切である」

ということであった。

子どもは変わる！

ことあるたびに、子どもたちの変身ぶりを見守っていると、〝子どもは変わる！〟と私は思うのだった。

一日も休まなかったことは当たり前のことか

「巣立つきみに贈る——きみに贈りたい一人一言集」から

「巣立つきみに贈る——きみに贈りたい一人一言集」（東京都町田市立成瀬台中・昭和五十六年度卒業式記念誌）の中に、何人か、**「きみは一日も学校を休んだり、遅刻したりしたことがなかった」**と一言を担任から贈り記されている生徒がいた。

職員会議でも、「これはなかなかむずかしいことだ」と話題になった。生徒の生活というと、どうしても大人たちは、「成績はどうか」という方へ目を向け、それを話題にしてしまう。それだけが、いかにも値打ちを決めるかのように。しかし、それ以外にも、子どもたちは値打ちのあることをいくらでもやっているのである。

何人かの無遅刻・無欠席・無早退という、完全に三年間を通い通したこの実行力は相当大きく評価してよいのではあるまいか。

まず、健康でなくては、それは実行不可能だ。どの生徒も楽しいときばかりではない。「きょうは学校へ行きたくないなあ」と思うときもあるはずである。それでも、休まず、遅れず、早退せず、きちんと生活する。このことはもっと大変だ。

大人なら、何とか理由をつけて欠勤してしまうこともある。自分に向かないとか言って、転職することもある。しかし、子どもは、学校へ毎日通い続けなくてはならないのである。退校もできなければ、転校もできない。とにかく、そこへ行き続けなければならないのである。

「おまえ、よく三年間、完全通学を果したなあ!!」と、卒業の前日、廊下で会ったS男の肩をたたいて喜び合っていた同僚がいたが、私もその通りの思いだ。

Y子……**三年間弁当を作り通し、よくがんばった。**

「なんだ、そんなことほめることかなあ。自分で食べる弁当を自分で作ってくるなんて当たりまえのことじゃないの？」と、タテマエを持ち出して、そう片づける人もいるかもしれない。しかし、現代の子どもの実情を見るとき、やはりY子の行為は、認めるに十分なものだと思う。

いま、親は子どもに寄りかからせ過ぎている。子どものモタモタした下手なやり方を見ているよりは、自分がやった方が早いと、ほとんどのことを子どもから取り上げて、やってしまう。そして、気のきかない人間、思いやりのない人間、不器用な人間をどんどん育てているのである。

Y子の家庭状況はどうであるか私にはわからない。しかし、Y子は、自前の力を弁当作りによってつけてきたのである。おそらく担任は、Y子のような子育てをしてほしいし、生徒たちみんなも早く自立してほしいという意味もこめて、Y子に一言を贈ったのかもしれない。

もう一つ話がある。T子という、とても地味だが粘り強い生徒がいた。

T子は学年でトップクラスの成績を取っていた。もちろん、学校の授業以外の指導を受けたことのない三年間を過ごし、高校進学も自主的に果たし、中学生活も部活に勉強にとがんばった。その彼女に、中学卒業を直前に控えて、「三年間をふり返って」という作文を書かせたとき、とてもひかえ目に、「三年間やり通せたことといえば、せいぜいNHKの基礎英語講座を三年間一日も欠かさず聞けたこと、三年になって英会話講座を毎日聞いたこと。そのくらいです」とあった。クラブで遅くなったり、その時間帯に他用で聞けないときは、母親がテープレコーダーにスイッチを入れておいてやり、後で聞くという方法をとった。そして、とうとう三年間やり通したということを後で母親から聞いたのである。

T子の場合などは、「あの子は頭がいい」だけではすまされない、大変な努力の人なのである。母親も、とてもひかえ目な人で、

「あの子がそうしてどの程度英語力がついたかわかりませんが、少々意地っ張りなところがありまして、やると決めたら、意地にでも……という感じなんですよ。人様は、いいわねえなんて言ってくださることもありますけれど、親にしてみると、意地も考えものよ。いいかげんにしなさいって言いたいこともよくあるんです」

と言っていたことが、今でも私の脳裏にはっきりした言葉で残っている。

つくづく、〝**継続は力なり**〟と思う。体験から得た言葉は、おそらくT子たちの精神に大きな影響を与えていくにちがいない。

ほう、こんなおいしいケーキが作れたの？

「先生がた、お疲れさま」

卒業後、ケーキのプレゼント

卒業式を終え、三年の教師たちが卒業時の諸書類の作成をしているときだった。

在学中から、職員室に遊びに来ては、よくおしゃべりをしていく二人の生徒がいた。二人とも、教室ではおとなしい方の部類に入る生徒たちであったが、とても気に入った教師がいて、その教師となら、いつまでもおしゃべりをしていたいというふうで、話しっぷりもなかなか活発であった。

その女生徒二人が、何やら包みを持って、職員室を訪ねてくれた。

いつもの通り、ニコニコしながら、包みを解き始めた。

忙しそうに書類作りをしている私たちのところへ、めずらしくお茶を入れて回ってくれている。

「へえー、今日はまた、思いがけないお茶のサービスだね。女の子も卒業となるとなかなか気のきいたことをしてくれるね。今日は、どういう風の吹き回しで、こんなサービスをしてくれに来たんだい？　うれしいね。生徒にこんなことをしてもらうなんて……」と、半分からかい、半分ありがとうを言いながら、仕事を続けていると、次にケーキが運ばれてきた。

「あれっ!? どうしたの、このケーキは。これはまた、いちごが乗っかっていて、なかなか豪華なケーキだね。どこから買ってきたの?」

「いやだァ、先生、これ私たち一生懸命作ったんですよ。きのう一日かかっちゃった。でも、先生方に食べていただこうと思って一生懸命作ったんですからね」

「へぇー、それはそれは。それにしても、ちょっと、きみらの手作りとは。上手すぎるね」

「あら失礼ね。このくらいのもの作れますよォ」

「うん、ごめんごめん。手作りだということはわかったけど、それにしても、うまくできているなあ。ン、おいしいッ!! 砂糖の入れ方もなかなか上々だな。こういう、しつこくない甘さがいいんだ。売ってるのは甘すぎてね。ン、なかなか上品な甘さで、こりゃあ、うまい!! これじゃ、せっかく一日かけて作ってくれたというのに、一気に食べちゃうの、なんだかもったいないなあ」

「そんなにおいしいですか。うれしいッ! ね、よかったね。作ってきたかいがあったね」

と顔を見合わせている。

「それにしても、どうしてまた、ケーキ作りなんか思いついたの?」

「だって、先生方に、いろいろ世話やかせたもんね。先生たちも、スッゴク疲れたでしょ。受験のこともあったし、卒業式のこともあったし、どの先生も、神経つかって、疲れたみたい。ほら、私たち、卒業式終わったら、もう、とたんに暇になったでしょ。それで、ケーキ作って、先生たちを慰問に行こうということになったの」

「ほう、そうか。そんなこと考えていてくれたの。生徒は見てないようで、よく見ているんだね。オッソロシイね。でも、こんなことしてくれるなんて、夢にも思わなかったから、よけいうれしいな」

そう言いながら、私たちは、教え子たちのおいしい手づくりケーキで一服して、また仕事を続けたのだった。

二人の生徒とも、決して、家庭科の成績がよかったというわけではない。**だが、こうした成績に表れない、すばらしい力が彼女たちにはあるのである。**

学校は全人的に子どもをとらえ、人間として全面発達をうながす場であるという。しかし、はたして、子どものとらえ方がどこまで全人的になされているかというと、大変頼りないところがある。

人間として評価するならば、二人の生徒たちの温い行為は、ケーキの出来ばえと総合評価して、最高の「5」をつけても、まだ足りないくらいだ。しかし、現実には、高校受験の際つけられる内申成績には、そのような温い人間性などは、ほとんど入る余地がない大きな矛盾をもっている。

これを、読者のあなたはどう受け止めるであろうか。私は、二つの通信簿——一つは他人様がつけてくれるもの、もう一つは自分自身がつけるもの——を持ち、いずれも、自分の成長に役立つように、参考資料として受け止めていくのがよいように思う。自己過信に陥ってもいけないが、他人様の評価に振り回されるのも考えものであるといいたい。

いま、父母と教師間のつながりは、モンスター・ペアレントが話題になるなど、相互理解の不足は言うまでもないことだが、教師と生徒の間の信頼関係も大変薄くなってきており、不信感が渦巻いていると、マスコミなどもそういう論調が主流をなしている。

私は常に、父母や生徒と接していて、囲りでどう言われようが、そうだ、そうだと、そのマスコミの教育非難の渦の中へ一緒に巻き込まれていってはならないと思っている。

さきの二人の女生徒のように、本当に温かい心の生徒たちも多く育っているのである。

今でも、私の口の中に、「おつかれさまでした」と笑顔で手作りケーキを配ってくれたあのときの味が残っている。

このようなことがあると、教師の心の中から、悲しいことも、つらいことも、一ぺんに吹っ飛んでしまうのである。

飛びだす人がちがってきた！

二学期は中学生の変わり目、よいきっかけをつかもう

ある日の学級通信〝やまびこ〟から、飛び出し始めた生徒たちのようすと私の働きかけを紹介しておこう。（1999・9・14発行）

＊　＊　＊

一年の数学の授業では文字式の計算をやっている。一年生の数学の学習では、数量分野では〝正・負の数〟と、この〝文字式〟が二大関門である。これから、二年→三年と学習を続けていくなかでこの二つは、いつも道具として使う。大工さんでいうと、カンナ、ノコギリ、かなづちのような道具で、この使い方がへただったり、できなかったりすると、まるっきり仕事にならない。家をたてるなどという大仕事はとうていできっこない。それと同じことが数学の学習をしながら力をつけていくなかで、正・負の数ができなかったり、文字式の計算でまちがってばかりいると、とても先には進めない。

そういう意味で、いま中一生たちは中学・高校で学ぶ数学の基礎中の基礎の学習をしている。

だから、生徒たちも、ここでしっかり身につけておこうという気持ちをはたらかせ、がんばらないと、中学生活のなれから、「適当にやっていてもどうにか暮らせる」といういいかげんさが芽ばえてくると、怠惰の集積が大きな実力不足として悟り、悔い、もうこうなってはと、努力することもあきらめきってしまうようなときが来ないともかぎらない。

ある日の数学の授業で式の計算問題を出し、黒板で誰かがやるという段になった。

「そうだ。きょうは指名でいかないで、誰でも〝やろう〟と思う人にやってもらうことにするかな」といって、みんなを見わたした。

あちこちから、パッと手が上がる。いつもは「きみはダメ。もう、一度やったろ。なるべくまだ一度も飛び出していない人にやってもらいたいんだな」と、積極的すぎて、あてていると何度もあたってしまうということのないよう、〝飛び出し〟を待って、できるだけ〝珍しい人〟にやってもらうことにするのだが、きょうの授業はちがっていた。

今までだと、「ほら○○さん、引っこんでいちゃダメ。まちがったっていいんだ。そんなのおそれていちゃいけないよ。出てやってきなさい」と、私に強くすすめられて、ようやくみこしをあげるというような生徒たち。

きょうは、パッと飛び出した生徒たちの中に、何人もそういう生徒がいた!!

前に出てやっている生徒をみて、「あれっ!? いつもの顔ぶれとちょっとちがうな。この調子だ!!」と思った。

教室はまちがうところ、まちがうことをおそれて、ひっこんでいては学びの量も少ない。まちがえても、あとで、友や先生の話をよく聞いて、正しいものを学びとり、頭にやきつけていけばよい。そのようなことができる場、それが教室なのだ。

そういう教室で、飛び出した生徒たちの顔ぶれが変わったということは、とてもうれしい、のぞましいことだ。そうして、みんなが飛び出しの経験をもち、失敗の経験も、修正の経験も、成功の経験も積んでいくとき、みんながそれぞれに、それ相応に、伸びていき、力をつけていくことができるようになってくるのではないだろうか。

一、二、三年とも共通していえることは、中学生の変わり目は新学期（一学期）というより、夏休みも含めた時期にあるといえる。二十年間、何千人という中学生をみてきて、そのことがいえるように私は思う。良くも変わり、悪くも変わる変わり目である。

二学期のはじめに、私は、それぞれのクラスに授業に行って、話したことは〝きっかけをつかめ〟ということである。せっかくのきっかけをみすみす逃がしてしまっている生徒も実に多い。〝きっかけ〟は特別与えられるものではない。日常生活の中で、つかむ気があれば、きっかけはゴロゴロころがっている。それをつかんでどう生かすかが、その人の伸びに響いてくる。

また次の授業で、どんな新しい顔ぶれが飛び出し組にあらわれるか、楽しみにして教室に向かおう。生き生きとして、力を合わせ、飛び出す生徒たちの姿をながめられる毎日。幸せな日々だ。

親への反抗から
自分を見つめ成長へ

おやじ、ごめん

朝寝坊をするようになった。遅刻が多くなってきた。そんな生徒がクラスにいた。三年間私のクラスだった。

激しい反抗期。特に親への反抗は激しかった。朝、彼が登校をしていないときは、家庭へ電話を入れた。夜更かしをして、朝、起きられない。ある日もいつもと同じように、「A君がまだ登校していませんが……」と電話を入れたが、母親は彼を起こせない状態だった。「私が今から行きます」と言い、電話を切った。

一時間目の授業教科がなかったので、管理職の許可を得て彼の家に行った。母親と玄関で話をしたが、彼は昨晩も遅くまで起きていた様子だった。そして、最近の家庭での様子をいろいろと聞かせてもらった。何を注意しても彼は反抗をしているらしい。朝、起こそうとすると部屋のドアを閉め、鍵をかけ、部屋に入れさせないという。彼の反抗の状態を聞いて、親の大変さが伝わってきた。それでも毎朝、声をかけているが彼は変わらないという。

直接、彼と会おうと、彼の部屋に案内してもらった。「起きているか？　入るぞ」と声をかけ、ドアを開けようとしたが、何かでドアを押さえ、開かぬようにしてあった。「おい！　入るぞ！」とさらに大きな声で部屋の中にいる彼に声をかけ、思いっきりドアを開けた。やっと開いたドアの向こうには、彼がベッドで布団をかぶったまま、寝ていた。声をかけても返事をしない。熟睡していた。開けたドアを見ると、大きな穴が開いていた。

いくら声をかけても起きる気配のない彼のベッドの横に行き、彼が掛けていた布団を剥いだ。布団の中で彼は身体を小さく丸めて寝ていた。彼は布団を剥がされ、やっと起きあがったが、目の前に私がいることに驚いた様子だった。「え？」「あれ？」「どうしてここに先生が？」とやっと声を出していた。彼はパジャマに着替えておらず、普段着のまま寝ていた。きっと、自分でも知らぬ間に寝付いてしまったのだろう。「おい、何時だと思っているんだ。もう学校始まっているぞ」という私の声が聞こえないのか、そのまま、またベッドに横になり寝ようとしていた。「何時に寝たんだ？」「覚えてないよ。気付いたら今だもの」と寝ぼけ声で言う。ドアの向こうでその様子を見ていた母親に気付くと「あっち行ってろよ！」と母親に激しい口調で怒鳴る彼だった。

母親の了解を得て、ドアを閉め二人で話をした。「大きな理由などないんだけど、親に何か言われるとイライラする」と言う。あまり親がしつこいからイライラして、自分の手でドアを殴って穴を開けたと言う。**そこまでイライラするのに、その理由がわからないというのだ。**「もう学校へもどるからな。早く来いよ」と彼に声をかけて部屋を出た。

彼の反抗は、時には私にも向いてきた。ある日、遅刻をしてきた彼を昇降口で呼び止めた。彼にとっては、遅れてきたことに対する後ろめたさを隠すためだろうか、近くにあったほうきを持ちながら校舎に入ってきた。そのことを叱った。彼は興奮し、私を殴ろうと、持っていたほうきを振り上げた。でも、**「彼が本気で私に殴りかかったら、今までの彼との関係はなんだったのだろうか、絶対に彼は殴らない」**と自分に言い聞かせながら、彼に迫っていった。彼は黙ったままほうきを下ろし、教室へ向かった。注意をするたびにこんなことが続いていた。

ある日の放課後、職員室に電話が入った。「先生、来てください。大変です。息子とお父さんが……」と母親の声だった。

車ですぐに彼の家に行った。玄関のドアを開けると、家の中から父親と彼の大きな怒鳴り合いの声がしてきた。すぐに声のする部屋に行くと、彼が父親と取っ組み合いをしているところだった。彼より身体の小さい父親は、彼に一歩も譲らず、真剣に彼を叱っていた。身体の大きな彼は、父親の腕をつかみ、取っ組み合っていたのだった。彼は興奮していた。

理由も聞かず、彼を父親から引き離し、両親に声を掛け、玄関で靴を履かせ、私の車に乗せた。彼は誰かが止めてくれるのを待っていたかのように素直に私の車に乗った。

どこへ行くともなく車を走らせた。言葉はなかった。しばらくして彼がポツリと「親父と取っ組み合っちゃった」と。**彼にとっては父親の存在は大きなものだった。その父親と取っ組み合ったことにショックがあったのだ。**なぜ、もめたのかと言う理由は聞かなかった。彼はもう泣いていた。泣き声が聞こえるほど彼は泣いていた。また、沈黙が続いた。車の中は彼のすすり泣く声だけが聞こえた。「どうする？」と声を掛けても答えなかった。しばらく走った後に「帰ろうか？」と声を掛けると、彼はうなずいた。「あやまれるか？」と彼に尋ねると「うん」とうなずいた。

玄関まで彼を送った。玄関を入るとき彼は小さな声で「ごめん」と言った。「声が小さいよ」と彼に声を掛けると、「おやじ、ごめん」と大きな声で言いながら自分の部屋に飛び込んで行った。

ある日、仕事帰りに家庭訪問をした。彼はいなかった。父親といろいろな話をした。**「先生、子どもがいろいろと問題を起こすと、街中を歩いていても、世間の言葉や目が気になるものですよ。何かを話していると、息子のことを話しているのかと思ってしまうんですよ。一時は街中を歩くのも嫌だったけど、今は気にしていません。誰がなんと言おうと私はあいつの父親ですから」**と力強く話してくれた。

親子のこれほど強い絆をまだ彼は気付いていなかった。**親の思いはいつかわかる**と父親は語ってくれた。

彼が卒業し、数年たったある日、私が出勤すると職員玄関前に、車体を低くした車が止まっていた。窓から顔を出したのは彼だった。久しぶりに会った彼といろいろな話をした。中学校生活のことや卒業してからの生活のことなど、本当にいろいろな話をした。彼と一緒にいた青年は私と彼との様子を見て驚いていた。青年は「おまえと先生はフレンドリーじゃん」と声を掛けた。**「俺がこんな格好して母校へ行くと、追い出されるよ。後輩に悪い影響を与えると思っているんじゃないかな。おまえはいいよな。もどれる母校があって」**と青年はうらやましそうに彼に話しかけていた。「でもね、中学校時代はいろいろあったんだよな」と彼をちらっと見ながら、青年に言葉をかけると、「全部、こいつから聞いているよ」とニコニコしながら答えた。「もう、まじめになりかけているだろう」と彼が照れ笑いしながら話したものの、その車を見ているとまだ心配だった。

彼の成人式に出席した。クラスのメンバー全員が出席した成人式だった。式典後は何年ぶりかで再会した生徒たちと懐かしい話で盛り上がった。そのとき彼が寄ってきた。「先生、合わせたい仲間がいるからちょっと来て」と私を呼ぶ彼に誘われるままに、会場の隅に行くと、そこには何人かの青年がいた。彼は青年の前で「これが俺の先生だよ。今まで話していた先生だよ」と紹介したのだった。

彼にとっての思春期はさまざまな勉強をし、成長をした期間だったのだ。言葉には出さなかったが、彼は成人式を向かえ、その当時を振り返ると、親や知人に対し「迷惑を掛けてごめんなさい」という気持ちだったのだろう。

成人をした彼とお酒を飲むことがある。飲んだときの話題は彼の思春期の頃の話になる。彼がよく話すのは、**「親父はすごいよ。なんでも相談に乗ってくれる。この前も……」と父親の素晴らしさを話すのだった。**

今、彼は社会人として何人かの人を雇用している。社会人になった彼は「先生、子どもが悪くなるのは大人のせいだよね。今、仕事をしていると、大人の悪さが見えてくるよ。約束を守らない人が多いし、自分勝手な人が多いよ。従業員にもお客さんにもいつも振りまわされているよ。サービス業だから我慢するしかないけどね」と彼は話してきた。「でも、俺はあまり言えないよな。俺も悪かったしね。親父はりっぱだったよな。俺をいつも見ていてくれたよ」と彼は話をしてくれた。

一人の青年の成長から、親が真剣に子を育て、子への思いは「いつかわかってくれる」と信じ続けていた親の姿を知った。彼がそのことに気づくまで、親にとっては本当に長い年月だった。しかし、子は親を裏切らなかった。親の思いをしっかりと感じ取っていた。

世間の目を気にしたものの、「私はあいつの父親です」と言い切った父親としての覚悟を、子は成人し、社会人となってわかることができた。

伸びやすい生徒、伸びにくい生徒

自己改善のヒントを心を込めて与えれば必ず伸びる

どの生徒も伸びないということはない。しかし、何百人という生徒を見ていて、伸びやすい生徒と伸びにくい生徒がいるようだ。

一律には言えないが、私なりに見て、それぞれの生徒がどういう姿を見せているかを次に表示してみよう。現実には、①〜㉚にもあてはまるものがあり、①′〜㉚′にもあてはまるものがあるという人が多いと思う。結局、**よい面をどう生かすかがその人の課題**である。

伸びる生徒

①　すすんで自分からやろうとする姿勢がある。

②　意欲があり、やってみようと考える。

③　実行する。すぐ行動する。

④　多少きびしそうな事にも意欲をわかせ、ガッチリ取りくむ。

⑤　好奇心がある。

⑥　自分からチャンスにパッと飛びつく。

⑦　チャレンジ精神が旺盛。少しぐらい苦労しそうでも、「よしやるぞ!!」ともえる。

⑧　素直であり、変な意地をはらない。

⑨　人を信じて、どんどん飛びこんでいく。

伸びにくい生徒

①'　なにごとも逃げ腰で、自分からすすんでやろうとしない。

②'　意欲がなく、「やったって」と考える。

③'　「あとで」と延ばし、なかなか実行しない。

④'　楽なことばかり選んで、やることがつまみ食い的。

⑤'　好奇心が乏しい。

⑥'　人が強く何度もすすめてくれるまで待ち、チャンスを逃がしがち。

⑦'　チャレンジ精神がない。「自分にはできそうにないと」やる前から白旗をあげて

そして、仲間からも多くを学ぶ。

⑩ 親、先生、先輩など他の体験者の話によく耳をかたむける。

⑪ 謙虚さがあり、人からどんどん学ぼうという心をもっている。

⑫ 他人の明るい面、良い面をみる。

⑬ 強く関心をもち、その中身を知ろうとする。

⑭ 探求心がある。なっとくするまでやめない。

⑮ 人に喜ばれることをよくやり、思いやりがある。

⑯ よく活動する。能動的。

⑰ 尊敬する人をもっている。

⑱ 経験を多くする。

⑲ 思いやり、親切、公平といった精神的な面に豊かなものをもっている人をえらい

いる。

⑧' 素直さがなく、ひねくれている。

⑨' 疑い深く、人を信用しないから人の心の中に入っていけず、仲間から学ぶことも少ない。

⑩' 人の話をあまりよく聞かない。心から聞こうとしない。

⑪' 自分の考えが一番いいんだと思っていて謙虚さがない。

⑫' 他人の暗い面、よくない面を見てはそれをなじり、いじけている。

⑬' 何ごとにも関心がうすく、表面的にものごとをみる。大ざっぱに、上っ面だけで見ておわる。

⑭' 探求心がなく、少しわかると、その辺でやめてしまう。

⑮' 人のいやがることをしては、きらわれ、

と思っている。

⑳ 人の評価、評判をあまり気にせず自分の中身の充実に努力している。

㉑ 集中力がある。

㉒ 土俵ぎわの〝あとひとがんばり〟がある。

㉓ 一見地味だが根気よく努力している。

㉔ 粘り強い。身につくまでやる。少しぐらいの失敗や苦しみにへこたれない。

㉕ 本をよく読みいろんな人の生き方や人生体験や考え方を豊富に学んでいる。

㉖ 人から喜ばれたり、ほめられることが多い。

㉗ 本気で取り組む。やっていることに誠意がこもっている。

㉘ 健康な生活、けじめある生活をしている。

㉙ もっといい方法はないかといつも考えている。

㉚ 次々とアイディアを生み出している。

思いやりがない。

⑯′ 座りこんだままで、あまり活動的でない。誰かがやってくれるのを待ち、受動的。

⑰′ 人をバカにした考えをもっている。

⑱′ 経験が乏しい。

⑲′ 腕力や金力のある者がえらいと思っていて、いつもそういう人にペコペコしたりしている。

⑳′ いつもレベルばかり気にしていて、中身の充実にエネルギーを注げない。

㉑′ 注意力散漫で、いつもキョロキョロ気を散らしている。

㉒′ 土俵ぎわまで押されると、あっさり自分から外に出てしまう。

㉓′ かっこうばかり気にしていて、中身の充実に目がいかない。

㉔′ 粘りがない。あきっぽく、それが得意にな

るまで高めようとしない。ちょっとつまずくと、「もう、ヤーメタ」となげ出す。

㉕´ あまり本を読まず、いろんな人から学んでいない。

㉖´ よく叱られ、ほめられることがほとんどない。あまり人によろこばれることもしない。

㉗´ 気を入れてやらない。いつも「いやだなあ」とか「こんなことして何のトクになるのかなあ」と思いながらのらりくらりとやっている。やったことに誠意が見られない。

㉘´ 不健康な生活、だらしなく、不規則な生活をしている。

㉙´ やれと言われたことだけやる。それ以上のことをやろうとしない。

㉚´ アイディアが乏しく、型通りやる。

子どもを伸ばすには

大きく伸びよ！　中学生

新一年生との初めての出会い。
生徒と親へ心をこめて

教育には、タイミングは非常に大切である。明日やるのと、今日やるのとでは効果は大ちがいということが多々ある。

入学式の日、中一担任の私は――出会った。知り合った。いざ、スタート!!　――こんな出発をしたいと思ってやまびこ通信〝出会い号〟（全三十二ページ）を発行した。

入学おめでとう!!

新品の心、新品の服、なにもかも新品だ。成瀬台中の門をくぐって、新しい仲間として入ってきた君たち。入学おめでとう！

よし、やるぞ!!　いい中学生活を送るぞ!!　うんと伸びるんだ!!　きみの目はそんな気持ちで輝いている。

人はみな、期待感をもち、明日に希望をもち、やる気をもったとき、すばらしい顔になる。その

やまびこ通信〝出会い号〟

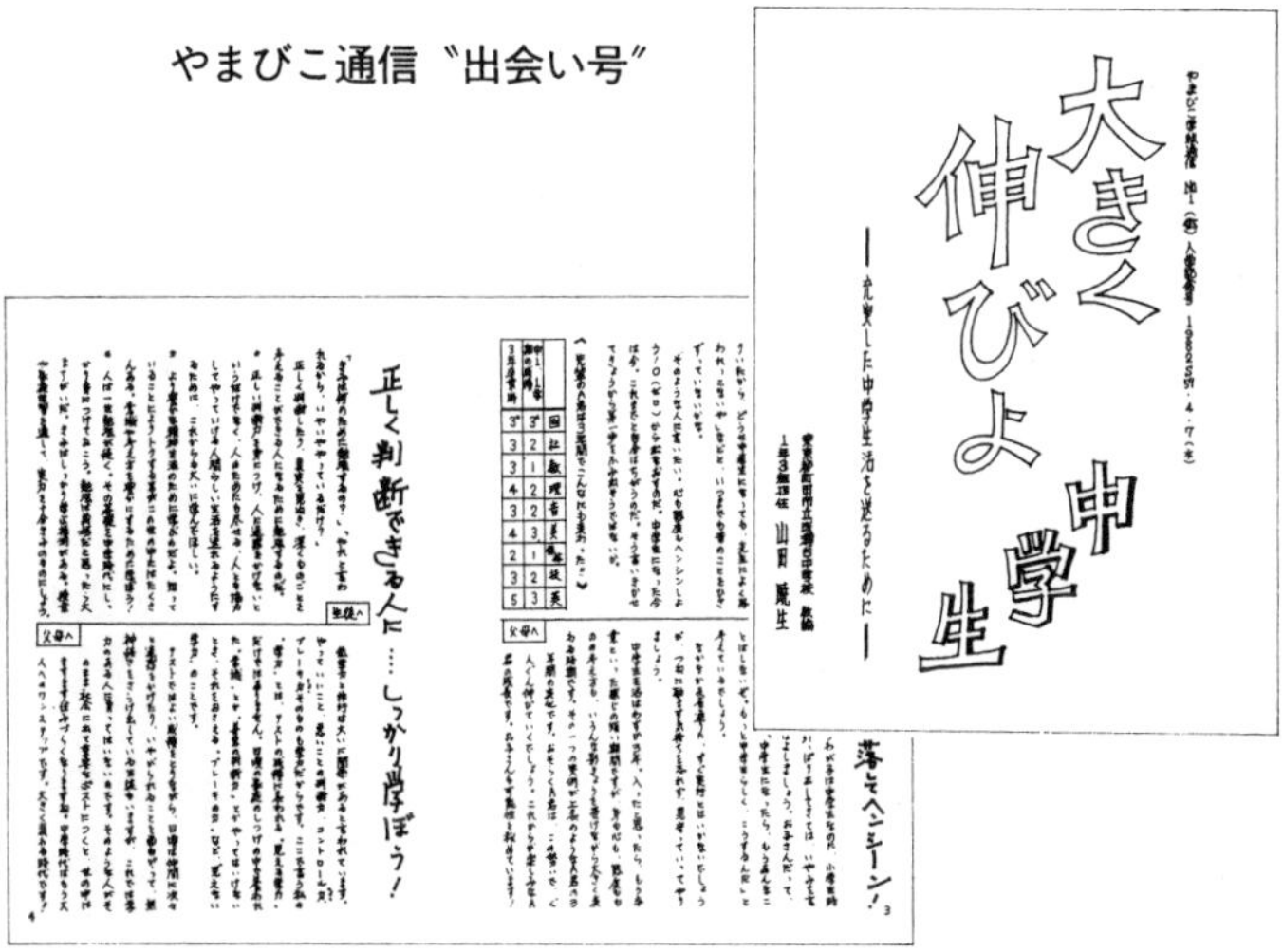

すばらしい顔のポイントは目だ。目は心の窓と言うのを知っているかい。そう、目は心の窓なのだ。

中学に入学したてのきみ。とてもいい目をしている。その目の輝きを失わない限り、きみはさらに、さらに伸び続けるだろう。そうして、きっと、この三年間ですばらしい中学生に成長するにちがいない。

「よし、中学生になったら頑張るぞ!!」という初心を、いつまでも、いつまでも持ちつづけてほしいな。

きみの父母も、もちろん先生も、きみがやる気十分で、積極的にとりくんでくれたらうれしい。何よりもきみが中学生としてぐんぐん伸びていく姿を見るとうれしい。楽しみにしている。

とにかく、入学おめでとう! いいスタートを切ってほしい。不安があれば先生も相談にのってあげるよ。よくおしゃべりもして楽しい中一生活を送ろうな。

成長する三年間にするために

1の100倍は100……コツコツ努力する人に！

生徒へ

①	1歩×100日＝100歩
②	100歩×　1日＝100歩
③	0歩×100日＝　0歩
④	100歩×　0日＝　0歩

①一歩前進を百日コツコツと続ければ百歩も進歩するんだよ。

②百歩の前進を一日ですれば、あとの九十九日休んでいても①の人と同じ百歩前進だ。しかし、こんな

保護者へ

・石の上にも三年
・ちりも積もれば山となる
・点滴石を穿つ

右のような言葉がありますね。

私はムラの多い人間ですので、上のような言葉をいつも自分に言いきかせています。私のように、これといって特別の才能のない凡人は、コツコツと努力し、七転び八起きの精

ことはできっこない。何ごとも一日で百歩前進なんて現実にはムリなことだ。コツコツやるしかない！
③ぜんぜん進歩しない（0歩）日を百日続けても、何の進歩もないのだ。努力もしないで、やる気も持たず毎日を過ごしても、きみにはいい日は決してこないだろう。努力し、力をつける人と差がつくばかりだ。
④進歩する日が一日もなければ、きみは二年になっても、三年になっても、進歩成長する中学生にはならないだろう。

神で、かんたんにあきらめてしまわず、力をたくわえ続けるしか道がないと思っています。

　それを人におしつけるのはどうかと思うのですが、私は生徒たちにサインを求められたりしたとき、よく〝継続は力なり〟と書いています。この言葉は根気づよく続けてきた人にのみ実感としてわかることでしょう。そしてまた、この言葉は〝実行してこそ〟自分のものになるものだと思います。もう伸び盛りの過ぎた私たちでもこの言葉は通用します。伸び盛りのお子さんだからこそ、一層、この言葉を信じて努力の日を送り続けてほしいです。お互いにがんばりましょう！

0からの出発……小学校時代のあかを落としてヘンシーン！

生徒へ

「ぼくは小学生のとき、低い成績ばっかりとっていたから、中学生になっていくら頑張ったって、もう追いつきっこないや」と思っている人はいないかな。あるいは、「小学生のとき、先生に叱られてばかりいたから、どうせ中学生になっても、先生によく思われっこないや」などと、いつまでも昔のことをひきずっていないかな。

そのような人に言いたい。心も態度もヘンシンしよう！　0（ゼロ）から出なおすのだ。中学生になった今は今。これまでと自分はちがうのだ。そう言いきかせて今日から第一歩

保護者へ

何かというと、もうわが子は中学生なのに、小学生時代のあれやこれやを引っぱり出してきては、いやみを言う親がいます。それはよしましょう。お子さんだって、いろいろ反省もし、「中学生になったら、もうあんなことはしないぞ。もっと中学生らしく、こうするんだ」と考えているでしょう。

なかなか反省通りに、すぐ実行とはいかないでしょうが、つねに励ます気持ちを忘れず、見守っていってやりましょう。

中学生生活はわずか三年。入ったと思った

をふみ出そうではないか。

《先輩のA君は三年間でこんなにも変わった!!》

	国	社	数	理	音	美	保体	技	英
中一一学期の成績	3×	2	1	2	2	3	1	2	3
三年生卒業時	3○	3	3	4	3	4	2	3	5

ら、もう卒業といった感じの短い期間ですが、身も心も、態度も、ものの考え方も、いろんな影響を受けながら大きく変わる時期です。その一つの実例が上表のようなA君の三年間の変化です。おそらくA君は、この勢いで、ぐんぐん伸びていくでしょう。これからが楽しみなA君の成長です。あなたのお子さんも可能性を秘めています！

正しく判断できる人に……しっかり学ぼう！

生徒へ

「きみは何のために勉強するの？」「やれと言われるから、いやいややっているだけ？」

正しく判断したり、真実を見ぬき、深くも

保護者へ

低学力と非行は大いに関係があると言われています。やっていいこと、悪いことの判断力、コントロール力、ブレ

のごとを考えることができる人になるために勉強するのだ。
＊正しい判断力を身につけ、人に迷惑をかけないというだけでなく、人のためにも尽くせる、人とも協力してやっていける人間らしい生活を送れるようにするために、これからも大いに学んでほしい。
＊より豊かな精神生活のために学ぶんだよ。知っていることによりトクする事がこの世の中にはたくさんある。常識や考え方を豊かにするために学ぼう！
＊人は一生勉強が続く。その基礎を中学時代にしっかり身につけておこう。勉強は義務だと思ったら大まちがいだ。きみはしっかり学ぶ権利がある。授業や家庭学習を通して、実力を十分きみのものにしよう。

ーキ力そのものも学力だからです。ここで言う私の〝学力〟とは、テストの成績に表れる〝見える学力〟だけではありません。日頃の家庭のしつけの中で養われた〝常識〟とか、〝善悪の判断力〟とか、やってはいけないとき、それをおさえる〝ブレーキの力〟など、〝見えない学力〟のことです。

テストでは良い成績をとりながら、日頃は仲間に次々と迷惑をかけたり、いやがられることを面白がって、無神経さをさらけ出している生徒もいますが、これでは学力のある人に育ってはいないのです。そのような人がそのまま社会に出て重要なポストにつくと、世の中はますます住みづらくなりますね。中学時代はもう大人へのワンステップです。お子さんも大きく変わる中学時代です！

心を燃やし、若さを発揮……シラケは成長の大敵！

生徒へ

- 何ごとにも意欲的な人
- 何ごとにも積極的に取りくむ人
- 何かやりだすと熱がこもり、心が燃えてくる人
- やりだしたら、とことんまでやりぬき、長続きする人
- よく工夫し、アイディアがどんどんわいてくる人
- 人のよさをどんどんまねし、自分を伸ばすために取り入れられる人
- 次々と目標を生み出し、それを目

保護者へ

生徒たちの中には、まだ十歳を越えたばかりというのに、シラーッと、シラケきってしまっている人がいます。

何を働きかけてもシラーッ。「つまんねえ」「べつにィ」「どっちでも」「まあね」「どうせやっても」「なんかトクになることあるの？」まあ、こんな調子です。

すっかり希望もやる気もない若くして老衰しきった生徒です。

同じ中学三年間の生活を送っても、このような生徒はほんとに伸びが悪いのです。いじけた考えをする生徒、素直さのない生徒、人

ざしてがんばれる人

右のような人が若い人なんだ。きみは老人？　若人？　年には関係ないんだよ。シラケは成長の大敵だよ。何ごとにも心を燃やし、チャレンジしよう!!

の話をうら返して聞く生徒はとても吸収力がおとろえているのです。テストで点数はとれても人間的に良い点がとれずに卒業の日を迎えてしまうことになるでしょう。ところで、大人のあなたもシラケていませんか。教師のアラ、他人のアラ探しをやってはわが子を前にそれを話題にして食事をしている。子どもと共に心を燃やし、若さを発揮しませんか。

はっきりものを言おう……有言実行でしっかりした人間に！

生徒へ

「この案に賛成の人」「反対の人」……手の上がっている人の数をたしても、クラス全員の人数に合わない。小学校でこんな経験はなかっ

保護者へ

はっきりものを言うことと、出まかせにものを言うこととはちがいます。この区別がつかない子どもがおり、大

たかな。

新中一生のきみは、自分の意志をはっきり出せないような情ない人間にならないでほしいな。

意見を求められたら、ハキハキと自分を出そう。きみも意見がとりあげられたらうれしいではないか。「でももし否決されたら」なんて、おくびょうにならないでどしどし発言する勇気ある生徒になろう。発言することによって実行の努力をする人に育っていくんだよ。「一人一人がハッキリものを言い、みんなで決めたことは協力して、実行」してこそ、よいクラスができるんだ。かげでブヅブツ言うなんて陰気くさいことはやめようよ。不言実行より有言実行の人になろう。


人もいるようですが、言ってはならないことは次のようなことでしょう。

＊人の心を深く傷つけること。
＊差別的な言動。

好意をもって忠告してあげるのはよいとして、相手の努力や誠意をふみにじるようなことを言ったり、相手がもつ欠点や障害や弱点をとりあげて笑ったり、けなしたり、人をバカにしたりすることは許せません。日頃から言っていいことと、悪いことをきちんと判断させながら、はっきりものを言い、実行できる子どもに育てたいですね。その手本を親も教師の私も示そうと努力しましょう。まず大人たちが不言不実行の自分を変えていくことから始めなければいけないとも思うのですが。

自分の可能性をうんと伸ばせ……弱気、内気を吹っ飛ばせ！

生徒へ

「きみには無限の可能性がある」と言われて、きみはどう思うかい？

「そんなはずないよ」と思う人は、もう伸びが止まった人だ。

「できそうなこと」「できそうでないこと」は、だれにもあるが、でも、「できる」「できない」とはっきりしたわけではない。

やってみもしないで、「できない」なんて尻ごみしては、きみはそれ以上進歩しないだろう。

中学時代に、弱気、内気は損をするぞ。

「よし、できるか、できないかわからないけ

保護者へ

「あんたほんとにだめね。何をやっても、これってものがないのね」お母さんはこんなことばをわが子によく言っていませんか。お子さんの側から言わせてもらえば、これほどやる気をそぎ、劣等感をうえつけることばはないのですよ。そして、あげくのはてには「少しはAちゃんのつめのあかでも、せんじて飲ませてもらったら」などと追い討ちをかける。弱気、内気の子は、ますますチャレンジしなくなり、消極的に、消極的にと、マイナス方向に進んでいってしまいます。やる前から失敗を気にし、恥ずかしい

ど、やってみるか」と強気で一歩前に出て、アタックしてみよう。

思いきってやってできたときの自信はきみの宝物だ。「あれができたんだから、これもできるかも……」と、次の可能性にチャレンジできるようになる。できるようになることは何ごとでも楽しいことだ。そして、次々、チャレンジし、征服していくうちに、いつの間にかグーンと大きく伸びたきみになれるのだ。

と思いこんでしまうと、もう前には進めません。お子さんの変身（変心）には、親や教師の励ましのひとことが非常に大切です。必要です。

子どもにとって、親や教師など身近な人に期待されないほど張り合いのないことはありません。わが子に期待感をもちましょう。ポイントをつかんで励まし続けましょう。お子さんに変身のときがきますよ！

思いやりのある人に！……みんな手をつなごう！

生徒へ

わがまま虫は好かん虫。誰にもきらわれるのが、人にやってあげるのをけちり、自分ばっか

保護者へ

「あんた、人のことなんかいいのよ。自分の頭の上のハエも追えないくせに。いいかげ

り、ああしてほしい、こうしてほしいと、言い張る人だ。きみはどうかな。思いやりというのは、お互いにし合うもの。自分だけしてもらおうと思うのが、わがままで利己主義というわけだ。「オレがオレが」とばかり言って、人の立場や意見をかえりみない人は、「なによォ自分ばっかり」ときらわれる。その人の気持ちになって応じてやれるきみになってほしい。

- ●誰かが休んでいても知らん顔
- ●教室の花が枯れていても知らん顔
- ●誰かが困っていても知らん顔
- ●誰かが失敗しても笑うだけ
- ●誰かがよくないことをしても知らん顔
- ●誰かが遅れていても知らん顔

んにしなさいよ」と親が言うのに、子どもは、やれ今日はA君のお見舞いだ、千羽鶴を折ってやるんだと、勉強時間を減らしている。塾も休んでしまった。そんなお子さんもいるものです。親のイライラもわからないではないのですが、なんと、親に似ず、親切な子でしょう。〝人間通信簿〟というのが学校から出ていて、〝思いやり〟の項があれば、この子には5を絶対つけたいですね。

　ギスギスした世の中も辛うじて、このような思いやりの心をもち、手をさしのべる人々によって、あたたかみが保たれているのではないでしょうか。保護者の皆さんも、子どもたちの助け合いを後ろから支援してください。一人っ子、二人っ子の多い家庭。過保護な生活の中で、この力が相当に弱まってきています！

こんな人を思いやりのない人というんだ。みんな手をつないで、落後者を出さないクラスにしたいね。

日常の親の利己主義的な言葉はそんな子どもを育てます。気をつけて！

情緒あるクラスづくりを……絵と花のある教室に！

生徒へ

「一年間教室に花を絶やさなかった」……これはつい先だって送り出した卒業生のMさんに卒業式で私が贈ったことばです。十数年前に、生け花が大変好きで、一年中、教室に花を絶やさせず、生け続けてくれたT子さんという生徒がいました。楽しみながら生けてくれていたT子さんの姿は今でも私の心に強く残っています。

「ああ、もうぼつぼつ花が枯れ始めてきたな」と

保護者へ

クラスの担任をしてから、もう数年たちますが、今でもとても親しくおつき合いさせていただいているYさんという家庭があります。娘さんを担任したとき、「どうです？ そうかまえずに、気楽にしゃべりあって、肩のはらないおつき合いをしませんか」と働きかけたところ、すぐ反応してくれたお母さんがYさんです。そして、何よりも私が気に入ったのは自然を愛し、道端の小さ

思うと、あくる日には生き生きした花が……。また、あるクラスでのことです。Ｍさんは、そんな心配りをいつもしてくれていました。画家のお父さんは、受験期のイライラや不安を少しでもこの絵でやわらげてあげられたらと、教室に絵を贈ってくださるなど、Ｍさんだけでなく、何人かそういう人たちの心づかいでクラスに情緒をそえてくださった。

　今年はどうかな。そのような人を私は待っている。造花にしようなどと言わないで！


な草花にも心を寄せられる、そのおだやかでやさしいお心づかいでした。

　そのクラスでは四季折々に、道の片すみでそっと生き続けている草花が小鉢に移され、学校へＰＴＡの用などで来られるたびに換えて、教室に置いてくださっていました。

　教育投資とかなんとかと、どうもギスギスした教育ばかりが強調されていますが、Ｙさんのような配慮こそ、今必要としているように思います。

五気こそきみを伸ばす……やる気・根気・元気・本気・和気生活を！

生徒へ

「ああ、山田先生か。あの先生はなあ、ナントカの一つおぼえみたいに、五気、五気って

保護者へ

言うはやさしく、行なうはむずかし。実は、この五気がそうなんですね。「五気をもて!!」

言うんだ」耳がタコになるほど、もう聞きあきたという先輩たちもいるようです。その五気というのが、上の五つの気です。

①やる気
②根気
③元気
④本気
⑤和気

　やる気のない人間は伸びません。活気もなく、若さもなく、目がトロンとしていて、ボワンとしている。

　根気のない人は、これといったことをやりとげることができません。だから、充実感のある生活ができなくなります。

　チリを積もらせ山をつくることができないのです。

　元気はすべての根本。これがなくては何もできない。

　本気……だれだって、本気で、集中して取

なんて生徒に言い続けている私ですが、それは私自身にいちばん言いたくて、声を出して言っているのです。自分の心の中で、人様に知られず、そっと言っておこうと思っても、それでは、なかなか努力が続かない私です。

　意志の弱い私は、文字に書き、人に声を出して言うことによって、少しでも、強引にその願いに自分を引っぱっていこうという手段を使っています。

「おまえのやっていることはどうなっているんだ。そう言っているくせに」と、せめられてみれば、少しは重い腰も上げられるのではないかとね。

　いつまでも若さを保つ五つの気。年と共におとろえていく自分になりたくない。体力的

り組めば相当のことができるはずです。驚くほどの力が出ます！
　和気……今の世の中、仲間と気を合わせてやっていかないと、自分の力も発揮しにくいものです。仲良く協力して学校生活を送っていこう。

にはどうしようもなくても、気だけはね。

3年間つらぬくものを……思い出を残そう！

生徒へ

「もうわかってるよォ」ときみは言いたくなるかもしれない。このやまびこ第一号の、あちこちに、伸び盛りだ、ガンバレ!!　ガンバレ!!と書いてあるものね。
　私はもうこの仕事を二十年以上もやってき

保護者へ

　子どもの中にも移り気な子と執着心の強い子といます。これは生まれつきの性格的なものもあって、どっちをどっちに変えなさいとはいえないことです。それぞれに一長一短があって、こっちの方がいい

ました。何度も一年生、二年生、三年生と担任し、初めに担任した生徒たちはもうお父さん、お母さんとして、子育てをしています。社会でも、第一線で活躍している人たちです。

そのような大勢の教え子を見るにつけ、一生の成長の原点、ジャンプの原点はこの中学三年間の伸びにあるなと思うのです。

それだけに、三年間やりぬき、つらぬくものをもって、「やればできるんだ」という自信を、実感としてつかんでほしいのです。ボヤッと中一のスタートを切らないで、目ざすものを持ち、やりぬこう！

とはいいきれないことです。

移り気な子はいろんなことに興味や関心を抱く良さもありますが、何をやっても最後までやって、やりぬいた喜びとか、充実感を味わえないまま事をやりすごしてしまうという大きな欠点（と言い切れない面もありますが）をもっています。でも広く経験できるでしょう。執着心の強い子は、あきらめの悪さがあって、それが欠点ですが、やりぬかなければ気がすまないというすばらしい面ももっています。

いずれにしてもその良さをこの三年間で大いに伸ばしてほしいものですが、せめて、「このことだけはやりぬけたね。いい思い出が残ったね」と喜んでやれるわが子、わが生徒にしたいものだと思います。

私の学級経営方針

このような学級にしたい、
なってほしいと考えています

★活発な話し合い活動のあるクラスにしたい

民主主義の基本は、お互いによく話し合い、言いたいこと、考えていることを知り合い、理解し合って、みんなで決め、実行していくことです。お互いによく知らない者同士が力を合わせて、誰もが住みよく、楽しいクラスにしていくためには、生徒も保護者も、よく話し合い、みんなで行動していくことが大切です。

そこで、

① 生徒たちがよく話し合っていくために、グループを設け、学級会においては議長団を編成してやっていきたい。一人一人の意志を活動に生かしたい。

② 保護者と私との話し合いも、つとめて頻繁に行いたい。そのためには、保護者も積極的に身

いう年にしたい。

をのり出して応じてほしい。やる気をもってほしい。「担任とはこの一年、よく話し合えた」と

③　よく書かせたい。言いっ放しでなく、自分の考えを煮つめ、確認し、すじ道をたててものを言う。そのために書くという作業はとても大切です。生徒だけでなく、「山田は保護者にもよく書かせる」と、保護者の間でも言われているらしい。私のクラスに入ったのが運のつきと思ってほしい。

とにかく、人間にだけ与えられているこの恵み、〝ことば〟〝気持ちを表す〟――をフルに生かして、心のキャッチボールをしませんか！

★みんなが助け合えるクラスにしたい

誰かが休んでいようがどうしようが、まわりの者は知らん顔。誰かが困っているときも「そんなの知るか」……そんなクラスは最低のクラスです。お互いに助け合い、温かく手を出し合えるクラスにしたいですね。それは一人一人がどうするかで決まります。

★けじめあるクラスにしたい

やってよいこと、悪いことの判断がつき、きちんと実行できる。やってよいとき、悪いときのきりかえ、線引きがきちんとでき、自分も伸ばし、人とも仲よく力を合わせてやっていける。

このような人間を〝けじめある人〟というのでしょう。長い間の家庭・学校教育で身につけてきた。一人一人の生徒のけじめのあるなしを、いまここで、どうできるか、むずかしいことですが、そういうクラスづくりを心がけていきたいと思います。

やるべきときには一生懸命やる。集中すべきときは集中してやる。そういう人間にしたいのです。自分もなりたいです。それが、自分の可能性という宝物をさらに掘り出す最良の道具だと思うからです。

いま、けじめのない人が増えていて、それが他人の生活までもくずしかけています。とても、迷惑をかけている人がふえているのです。その分、世の中は住みづらくなっていくのですね。学校生活も同じです。

〈けじめある中学生になろう〉

●人のものと、自分のものの区別をはっきり!

自分の持ち物にはすべて記名を。借りるときは所有者に必ずことわる。返すときは礼を言って、はっきり返したことを相手に認めてもらう。何が自分の物かをいつもしっかり認識しておく。

●授業と休けい時間の区別をつける!

チャイムがなったら、すぐ席につく。教科書をひろげ、「今日は、どんなところをやるのか」を確認し、ザッと二ページぐらい読む。そして、先生を待つ。待ち伏せ学習はきみの授業中の集中力をつけ、実力をつけてくれる。

●言ってよいこと、悪いことの区別をつける!

自分だって言われていやなことがあるだろう。身勝手な、無責任な放言はやめよう。思いやりのない人ほど、そういうけじめのない事を言う。

●やってよいこと、悪いことの区別をつける!

常織ゆたかな教養のある人に育ってほしい。

★何ごとにも積極的に誠実に取り組むクラスに

長い目で見て、地道にコツコツ努力して取り組む生徒は大きく伸びる。怠け者、サボッてばかりいて、やる気のない者はうんと伸びが悪い。伸び盛りの中学生といっても、生徒によって、三年間でうんと差がついてきます。伸び盛りだからこそ、失敗なんか恐れないで、積極的に、「ぼくやるよ!」「私やりたい!」とやる気をもって、飛び出してほしい。積極的な姿勢でのぞみ、どんなことにでも誠実に取り組めば、きっと大きく伸びます。自信もつきます。友の輪も広がります。先生とも親しくなります。人一倍、ゆたかな経験もできます。それによって、学校に向かうのが毎日楽しくなります。そして、大きく伸びるのです。

自分のやる気のなさをたなに上げて、やれ先生が悪い、親が悪い、環境が悪い、友が悪いと、伸びないことをまわりの人のせいにして、ブツブツ嘆くのだけはやめたいもの。伸びやかで、生き生きとしたクラスにしたいな。

〈すすんでやると住みよいクラスに〉

●役は自分から買って出よう

生徒も父母も同じ。楽そうなことしかやろうとしない。そんな人間が集まると、ろくな集団にならない。みんな役を買って出てやり、一人が百の力を出して、他はおまかせでなく、百の人が一の力を出し合い、みんなで支え合う、生徒・保護者であってほしい。

●かげひなたのない誠実な生徒たちに！

先生が見ている、いないで裏表の態度をとるような生徒たちにならないようにしよう。正直で、誠実な生徒がいいな。働き者の生徒が好きだ。

●環境美化にも力を入れよう

「この教室に入ると、何となくホッとするなあ」……そのような落ち着いた、心の休まる環境にしたい。人が住んでいるって感じかな。一人一人がこまやかに心づかいする教室がいい。

教師の一言、親の励ましがジャンプの力

〝継続こそ力〟地道に根気よくやりぬいたS男君

一つの言葉を大事にし続けたS男君

私立入試を終え、いくつかの難関を突破したS男君のお母さんから、夜、突然の電話をいただいた。クラス担任でもなく、三年では授業でも担任していないので、「S男の母ですが」と電話があったとき、かえって、「何の急用だろうか。入試でうまくいかなかったのかな。何か悩みごとでもあるのかな」と思ったりしたくらいだった。それが、そうではなかったのである。受験した希望校が、いくつも合格となり、今、どの高校にしようか親子で迷っているとのことだった。どの高校にもそれなりの違った魅力があり、どの点に一番重きを置いて選ぶか、それを迷っているようだった。

「それはそれとして、わが家で親子がじっくり話し合って決めなくてはならないと思いますので、よくあの子の希望を煮つめさせたいと思います。

ところで、先生、今日お電話したのは、実は、先生があの子が一年のとき、そう、一年の学年末テストのときだったと思います。返してくださった数学の答案に、〝**あと一歩！　がんばれ！まだまだ伸びる！**〟と赤ペンで書き添えてくださいました。その言葉が、実はあの子をずっと支え続けてくださったのですよ。私も、S男にはいつも、『ホラ、先生があの答案のすみっこにも、もう一歩！　まだまだ伸びる!!　と書いてくださっていたじゃない。きっと、S男が伸びるのを期待してくれているのよ』と言い続けてきました。S男も比較的素直に、それを信じて、がんばり続けたようです。

なにしろ、小さいころから、海外生活が長く、日本語そのものにも、だいぶハンディがあり、中学生になったとき、こんなに遅れていて大丈夫かしらと、親子ともども不安でいました。でも、いろんな先生の励ましをいただき、それに支えられてきました」

と、お母さんなりの感謝の気持ちを伝えてくださったのだった。

私はその電話を受けながら、「あんな一言を大事にしてくれていたなんて、本当にありがとう」と思いながら、

「私たち教師は、生徒たちのいろんな場に出くわします。惜しい！　と思ったり、これじゃいかん！　と思ったり、もっとがんばれ！　と言いたい気持ちになったり、いろいろです。答案をつけていても、そんな気持ちがわいてくるのです。それを、ちょこっと、点数を書きついでにメモして伝えています。なにしろ、多数の生徒にそれをするので、だれにいつ何を書いたか忘れてし

まっているのですが、そうして、自分に対する一言を大切に持ち続け、がんばり続けてくれたS男君のような子がいたんですね。ありがとうございました」とつけ加えたのだった。

地道にやる生徒は強い

初心忘るべからず——という言葉がある。だれもが知っている言葉であるが、事を始めるスタートのときに「よし、やるぞ！」と、すばらしい意気込みを持ちながら、それを半年も一年も、そして、さらに何年間も持ち続けることは、実にむずかしいことである。しかし、一の百倍は百であり、0は百倍しても0で、そこにはもう取り返しのきかない大きな差が生じてしまう。このようなことは誰もがよくわかっていながら、実行できないでいるのである。

$$1\times100=100$$
$$0\times100=0$$

でも、S男君のように自分はまだ伸びるんだ！　という私が何気なく与えた一言を信じて、それを大事にし続け、初志を貫徹した生徒もいる。この一年をふりかえってみると、三年生を卒業させたばかりの私は、S男君が三年になって、大きく伸びてきていることを、職員室の話題によく聞かされていることを思い出した。「彼の成長の裏づけには、そのような根気強さがあったのか」と、うれしく思うのだった。

初心を忘れないで、がんばり続けよう！　地道に、根気よくやりぬく生徒は、何といっても強い！　と私は、多くの生徒たちを見てきて言いきることができる。**努力はきっと報われる。努力はウソをつかない。**

「手をかける」ことは伸ばすこと

教育とは手のかかる仕事。〝手のやける子ども〟四タイプ

職員室でのつぶやき

職員室での茶飲み話には、いろいろな子どもが登場してくる。叱られた子の話。なかなかいい意見を出してピカッと光るところを見せた子のこと。ずるいことをして、まわりの子どもたちから突き上げられ、総攻撃を受けた子のこと。廊下を通っているときに、ひょこっと耳にしたA子とB子の会話のこと、等々。なかなか楽しい話題もあれば、これは放っておけないのではないかと思うような話題もある。

そんな話題にまじって「手のやける子」のことも出てくることがよくある。

「ほんとに、あの子は手のやける子ですよ。提出物はというと、いつも忘れ物はトップ。〝もういいかな〟と言ったとき、まだできていないのがあの子だ。〝なんで、おまえはそんないたずらばっかりするんだ〟って、よく注意されるしね。他の先生方にもいろいろ迷惑をかけているんじゃな

いかな。うちのクラスには、あの子みたいなのが五人も六人もいるんだからね。他の子とくらべると、二培も三倍もエネルギーを使い果たすよ。このごろ、ますます世話のやける子がふえてきたみたいだね。一人っ子や二人っ子がうんと多くなったせいかな」

「いやあ、先生のクラスだけじゃないですよ。うちにも、ほらK子やS男なんかいるわよ。うちじゃあ、あの子たち、長女や長男ときているし、それに一人っ子でしょ。親たちだって、もうすべてをあの子たちにかけているって感じよ。監視の目もいきわたっているし、何か〝手をやかれるため〟に育てられているって感じね。ほんとは、もっと自立したいって芽もあるんじゃないかと思うけど……」

世話好きの教師とそうでない教師

教師にもいろいろなタイプがある。担任したクラスの生徒たちの一挙手一投足まで気を配り、一つ一つの行動が気になって、それを見逃すことができない教師もいれば、「うん、まあ、あのくらいのことは子どもの頃には誰にもあることだ。まあ、問題にすることもなかろう」と、さらりと受け流し、「先生、あんなこと放っといていいんですか」と〝世話好き〟先生からアドバイスを受けたりする教師もいる。

だから、手をやかずにはすまされない教師とすませる教師のちがいによって、同じ子どもでも〝手のやける子ども〟になったり〝手のやけない子ども〟になったりすることもある。

「いいじゃないの。われわれも手のやける子がいて商売になるんじゃない？　これがどの子も放っといて、〝自分で考えて、自分の力でやりなさい〟ってそうできる子ばかりじゃ、私たちは要らないんじゃないかしら。どの子もやりようによっては手のかかる子だし、また手をかけなくてはいけない子じゃないかしら」という教師もいる。

そのような意見が出ると、私も、なるほどそうだと思うのである。**教育とは、手のかかる仕事なのである。長年、親や教師が手をかけて〝人〟を育てるために教育という仕事をしているのである。そして、人が育っていくのである。**

教師が考える〝手のやける子ども〟とは

〝世話のやける子〟〝手のかかる子ども〟〝手のやける子ども〟……厳密に考えると、少しニュアンスがちがうようだが、要するに〝人一倍手のやける子〟すなわち、どの子も手をかけて育てていかなければならないのだが、どの子もその年齢、集団として持ち合わせるべき――持ち合わせてほしい――状態にまで持ち込むために余分に〝手をかけねばならない子〟というとらえ方で〝手のやける子〟を考えていきたい。

では、そのような子どもとは、どんなタイプの子をいうのだろうか。大変荒っぽい型分けになって〝手のかかる子ども〟に申し訳ない気もするが、職員室の中でつぶやかれる〝手のやける子ども〟を分類すると次のようになりそうだ。もちろん、これがすべてではないし、読者諸賢の思いとは一致しないものがあろうが、これは、あくまでも私の狭い視野によって受け止めた私見にすぎない。

A　集中力がなく気ばかり散らし、落ち着きのない子。
B　忘れ物が多く、提出物の提出状況も悪い子。
C　自己主張が極端に強く、仲間たちといつもぶつかりあっている子。
D　手をかけられたくてしかたのない子。

Aのタイプ

「ほら、たったいま注意したばかりじゃないか。おまえは五分ともたないんだな。ほら、まず姿勢を正して、まっすぐ前を見て、先生の説明をよく目をすえて聞くんだよ。そんなに落ち着きがないと、先生の話も頭にちっとも入らないから、そのうち勉強もできなくなっちゃうよ。ほらほら、そう言っている矢先に、もう、あっちこっちと、チラチラ首を振って見ているだろ。それがいけないんだ。ほら、こっちをちゃんと見て！」

……まあ、ざっと、こんなふうに注意を受け続ける子だ。時たまのよそ見はどの子にもある。しかし、時たまなどというようなものではないのである。寝ているとき以外はいつも、といった感じだ。だから、当然のことながら集中力のなさが学習面での習得力のなさとなり、長い間には学力の集積が一般生徒と比べて劣り、どうしても低学力者の一群の中に入り込んでしまう。

ところが、このような子どもたちは、学校生活に常に不満を持ち、不本意な生活を続けているのかというと、決して、そうではない。注意を受け、いつも教師から声をかけられるという〝ふれあい〟があり、キョロキョロ、チョロチョロの行動が意外に友との接触のチャンスをつかむことになり、学校生活の満足度は決して低くはないのである。そして、けっこう悪気のない生徒も多く、「あの子は落ち着かないで、しょっちゅうチョロチョロしているけれど、なかなかにくめない子だよね」という受け止め方をする教師もけっこういるのである。

多くの生徒集団の中で、〝手のやける子ども〟でありつづけることが、教師とのふれあいを維持する一つの手段なのかもしれない。手のかけ方にもよるが、「おまえはほんとに世話のやけるやつだ」と言われながら**手をやいてくれる教師を彼は求めつづけている**とも受けとれるからである。

Bのタイプ

日常の教育活動の中には父母との相互理解と提携の活動、諸連絡などにまつわる家庭からの提出物や生徒自身の学習活動の一環としての提出物など、提出を求めるような作業が様々ある。それだけではない。日常の授業においても、どうしても持っていなくてはならない学習用具や家庭学習等によって準備してこなくてはならない宿題など、学校での集団学習では、子どもたちみんなが一斉に線をそろえて準備していることが個々の生徒の学力向上に必要であることが多い。すべての子どもたちの向上・成績を願うがゆえに、宿題調べとか忘れ物調べなどもして、みんな同じように進めるようにと配慮するわけだが、実は、この作業も大変である。ちょっと手綱をゆるめると、忘れ物をする生徒がふえ、この物の豊富な時代に、必要な学習用具を持ち合わせずに、どうしてもその用具を必要とする授業にのぞむというようなことがよくあるのである。

提出物にしても、期日がいつまでということを再三にわたり伝達されていても、その日に忘れてきてしまう。担任も、そのつど名表を片手に誰が出していて、誰が出していないか、いちいちチェックし、未提出者には催促したり、家庭にも注意の助力を連絡したり、時には取りに帰らせたりと、けっこう手間がかかるのである。それも一度や二度のことならまだしも、提出等の機会は一年間で相当数あり、そのつどとなると大変な仕事の一つとなってしまうのである。

Cのタイプ

中学生ぐらいになると、集団に気をつかわずに、傍若無人に自分勝手な振る舞いをする生徒は少なくなる。なぜなら、友の目を非常に意識し、無視され、村八分的状況に置かれることを極度に恐れる年頃だからである。しかし、個人でそれはできなくとも、自己主張の強い子どもたちが一つのグループを組織し、個々の自己主張を束にして、他の仲間たちに向かってそれを前面に押し出そうとするグループが現れるときがある。一つは自己の主張を通したいがゆえに、あまり教師の言うことを聞こうとしなかったり、教師の見ていないところで反発的な行動をとったりしがちである。

核家族化が進み、一人っ子、二人っ子家族の増加によって、こうした現象はどの学校現場にも現れており、とりわけ中学校においては、校内暴力の一要因となっていることも否めない。

また一方、自己主張を強く持つ子どもが他の子どもたちの考えを抱擁することができず、自らの殻に閉じ込もって、まったく集団に溶け込めない状態を続けることがある。教師にとってこのような生徒は悩みの一つである。

行動を共にできない、勝手に自分の思う行動に走ってしまい、ルール違反をしたり、まわりのみんなと足並みをそろえて何かを一緒にやり、共に一つの目標を達成しようと協力する姿勢に欠ける子どもたちである。いいかえれば、**他の者の立場に立ってものを考えることのできない子どもたち**である。

Dのタイプ

過保護な家庭生活の延長線上に学校生活があって、常にあれこれと手をかけられることをごく自然にというか、当然のこととして、待つばかりの子どもがいる。その域をなかなか脱しえない、いわゆる成長のおくれた子どもたちである。一人っ子、二人っ子家庭の増加によって、親の手や目が行き届き、子どもは親の指示と監視の中に常に生活していて、自らの意志力を働かせ、能動的に、自主的に行動することがない。この生活行動習慣は、むしろ、親が奪っているといえるのだが、子ども自身が自ら意志を働かせて動かなくても生きていけるという生活そのものを問題にしない限り、今後、親や教師の手出しが増せば増すほど、そのような子どもを増やすことになる。手をかけすぎて、大人たちは〝手がやける子どもたち〟と嘆いているむきはないか。

もう一つの〝手をかけられたくてしかたのない子〟のタイプに、**大人たちの愛情に飢えている子どもたち**がいる。物は満たされているのだが、何かホンワカとした大人たちの愛情を求めている子どもたちである。厳しさがなくて、冷たさがある。やんわりとした大人の胸がなく、いつもガチッとして冷たい壁に向かっているような感じを持っている子どもたちがいる。「あの子はああでもして先生たちの目をひいて、叱られたり、言葉をかけられないと、さびしくてしょうがないのよ」という言葉が職員室で出たりする。

手のやける子どもの姿は、家庭生活での親と子、家族のありようの反映であるとも受けとれる。

手をかけるのが学校の仕事

ふれあいのないところに教育はない。とりわけ、幼・小・中学時代の長い自己確立期での、教師・親の影響力は大きい。彼らのその後の人生観に大きな影響を与えると思う。

だからこそ、**自立を損ねる〝手かけ〟は極力避けねばならないが、〝手をかける〟ことはぜひ必要**である。中には、もちろん〝手のやける子〟もいよう。私は基本的には、手をかけ、細かいヒダの部分まで手をやいて育て上げていくのが、親や教師の仕事ではないかと思っている。

子思う親　親思う子

修学旅行は親子の絆づくりの旅だった

中学三年生にとって一番の楽しみは修学旅行。中学校一年生の頃から教師は準備を始めている。しかし、具体的には二年生の三学期。そして、生徒たちは三年生になってから一気に準備が始まる。旅行業者からいろいろな資料が送られ、部屋割りを決めたり、食事を決めたりと楽しい話し合いが行われるのが三年生の一学期だ。

修学旅行で関西に行ったときのこと。クラスの話し合いで、部屋割りや室長を決めた。子どもたちは先生がどこの部屋に寝るのかを気にして部屋の場所を選んでいるようだった。食事もクラスみんなで相談をして、決めていた。「一日目は和食にする？　洋食がいいかな？　朝はパン？ご飯かな？」といろいろと相談をし、何を食べるか決めることが出来た。

生徒たちが一番時間をかけたのは、見学地だった。班別で回るコースを相談して決めていく。話し合っている様子をじっと見ていると、生徒たちは楽しさの中にもいろいろなことでもめていた。お互いに行きたいところがあり、話がまとまらないのだ。それでも楽しそうだった。

班別自主行動のコースを相談し、その日の昼食を決め、拝観料を計算し、さらに、バスなどの乗り継ぎも調べていた。生徒にとっては、班別自主行動は楽しいようであるが、準備が大変であった。そんな大変さの中にも、八ツ橋を作る体験をコースに取り入れたり、扇子を作る体験を取り入れる班もあった。二泊三日の楽しい準備が始められていた。

二泊三日で奈良と京都に行く。意外と忙しい旅である。書店でいろいろなガイドブックを購入してきては、休み時間にお土産を調べている班もあった。

旅の楽しさは三つあると聞いた。「行く前の楽しさ」「行っているときの楽しさ」そして「帰ってきてからの楽しさ」である。生徒たちは、今、行く前の楽しさを十分味わっていた。

旅行業者の方に毎回話すことがある。「生徒たちにとっては、一生の思い出になる修学旅行です。私も子どもたちに素晴らしい思い出を作っていくつもりですので、よろしくお願いします」と。旅行業者の方は「もちろんです。私もそのつもりです」と答えてくれた。

旅行業者も教師も修学旅行は何度も行くが、生徒たちにとっては一度きり。一生の思い出になる旅なのだ。それだけに細かなことも意識していた。二泊三日の間だけのことではなく、修学旅行から帰ってきてからのことも考えていた。

私はできるだけ京都タワーなどをコースに入れてきた。大人になって、京都に来たときや新幹線で京都を通過したときに見えるものをコースに入れたかったのだ。それを見たときに中学校の修学旅行を思い出す。そして、思い出した修学旅行の思い出はすべての生徒にとって素晴らしい思い出であってほしいと願っていた。

一学期の学級懇談会の話題は修学旅行のことが中心になる。日程やコース、非常時の対応や連絡先などの連絡をした後に、生徒には内緒で保護者と秘密の話をする。

「子どもたちに内緒にしておいてほしいお願いがあります。修学旅行先で子どもたちが家庭に手紙を書きます。きっと生徒たちは旅の出来事などを書くと思いますが、そのときにご家庭からの手紙を子どもたちに配りたいのです。子どもたちにわからないように集めたいのですが、ご協力お願いします。よろしくお願いします。『修学旅行、楽しんでいますか？』の一言でもいいです。わが子に書いた手紙は封をして私がお預かりします」とお願いをする。修学旅行の出発前に、生徒全員分の手紙が私のところに集まった。

修学旅行当日、駅に集まった生徒たちはとても楽しそうだった。しおりをひろげ、忘れ物がないかと声を掛け合っている生徒、出発式の流れを確認している生徒などさまざまだ。見送りに来た保護者はその様子を見守っていた。私のかばんの中には、生徒に内緒で集めた保護者からの手紙が入っていた。

修学旅行へ出発。新幹線の中ではカードゲームなどをみんなで楽しんでいる。本当に楽しそうだ。車内で少し早い昼食を食べ終えると、もう関西だ。駅に着き、一日目の見学地を回る。朝が早かったこともあり、夕方にはみんな疲れている。宿に着くと班別で健康観察をし、夕食をとり、入浴となる。疲れていた生徒たちもこの頃になると、また元気になってくる。不思議だ。

入浴後に生徒は大きな部屋に集まった。京都から親へ手紙を書くことは始めから予定に入っていた。そのため、宿の方や旅行業者の方が手紙を書けるようにとテーブルを並べておいてくれた。

生徒全員がそのテーブルに着いたのを確認し、生徒の前に便箋と切手を貼った封筒を置いていった。司会の生徒が「今から『家族に旅の便りを』を始めます」と伝えた。その後、私から話をした。ざわざわしているのが静まり、少し間をおいて話し始めた。「みんな目を瞑ってください。今日一日を振り返ってみましょう。朝、みなさんの親が駅まで見送りに来てくれたこと。出発式をじっと見ていてくれて、電車が走り出すとき手を振って送り出してくれたこと。それだけではないです。この修学旅行へ向けてお金を積み立ててしてくれたこと。かばんや持ち物を心配してくれたこと。朝早く起きて今日のお昼のお弁当を作ってくれたこと。一つひとつ思い出してみてください。じっと目を瞑って思い出してみましょう」と話をしながら、保護者から預かった手紙を一人ひとりの生徒の前にそっと置いていった。生徒に「目を開けていいですよ」と伝えた。生徒が目を開け始めた。生徒は目の前にある自分の名前が書かれた手紙を見て驚いた。「みんなの親から手紙を預かってきたんだ。そっと開いていいよ」と言うと、あせるように封を開いた。

部屋はシーンとして、封を開ける音と、便箋をめくる音がしていた。恥ずかしそうに手で覆いながら読む生徒。机の下に便箋をおいて頭を下げて読む生徒。みんなじっと親からの手紙を読んでいた。するとどこからともなく、すすり泣く声がしてきた。そのすすり泣く声は徐々に部屋のあちらこちらから聞こえてきた。頬を流れる涙を友達に見られないように顔を伏せ、返信を書いている生徒もいた。男子も女子も目を真っ赤にしていた。

私には親が子に何を書き、子が親に何を書いているのかわからない。ただ、そこには「子を思う親の姿と親を思う子の姿」があった。

部屋の入り口にいた旅行業者の方も目を赤くしていた。私の近くに来て「先生、子どもたちが親に書いている手紙、今夜、私が郵便局本局のポストまで行って、入れてきます。少しでも早く届けてあげたいですよ」と涙声で声をかけてくれた。

旅は親子の絆を強めた。子どもは、自分のことを考えてくれている親の心を知ったとき、素直に涙を流し、また、自分の思いを親に伝えることができたのだ。
親心ほど子を動かすものはない。みんな一人ではないんだ。

卒業後、ある親が「修学旅行で子どもからもらった手紙は私の宝物ですよ」と話してくれた。きっと、子どもたちも親からもらった手紙は宝物になっていると思う。

保護者と教師、心のキャッチボールが子を変える！

信じ合うことを土台に、働きかけのポイント10項目

教育は心である。そして、教育は共育でなくてはならない。——と私は考えている。

つまり、心のこもらない教育は、いくら金をかけられ、物が備えられても、全人的に人を育てることはできないということであり、共に育とうという心が育てる側にあり、共に育ち合う喜びをもってこそ、人間教育は実を結ぶと思う。

私が何十年も学級通信を続け、保護者や生徒に働きかけているのも、そういう考えがあるからである。

私は、学級通信「やまびこ」に、次のような願いをこめている。

やまびこには
音がある　声がある
むこうの声は

こちらの山で　はねかえり
こちらの声は
むこうの山で　はねかえる
子どもの教育も
やまびこのようでありたい!!

親のねがいは
教師の山から　子にはねかえり
子どものねがいは
教師の山から　親にはねかえり
教師のねがいは
子どもの山へ　親の山へと
響きわたる
やまびこは　こうありたい!!

このような考えで続けてきた「やまびこ通信」も、概算して、原稿用紙で三万枚は書いてきたろ

うか。学級通信は、量ではない、回数でもない、中身だといえるが、数多く対話を続ければ、それはそれなりに大きな成果が得られる。

学級通信や学級懇談会を数多くすることによって、多くの保護者とも心を通わせることができたし、多くの生徒たちがそれをこやしにして、大きく成長してくれた。やる気を持ち始め、それをきっかけに、やる気、根気を持ち続け、本気で取り組み続けて、大きく伸びてくれた生徒も大勢いた。

このような経験から、私は教育を教育らしいものにしていくために、保護者と教師の心のキャッチボールはとても大切なことであると思っている。もちろん、生徒と教師の心のキャッチボールが大切なことは言うまでもないことである。

これまで、教育という仕事に携わってきて、私自身が、こうした心のキャッチボールによって、どれだけ助けられ、仕事のやりやすさ、張り合い、やりがいを支えられてきたか言葉に尽くせないものがある。キャッチボールができてきたからこそ、ここまで、この仕事を続けさせてもらえてきたともいえるほどである。

だから、私は、いつも信じている。**人と人との関わりは、相手を信じ、心をもってぶつかれば、わかってくれる**ということを。よく言うのだが、〝信ずれば信じられる〟と思っているのである。もし、かりに、人から信じられないことがあったとしてもよい。自分が信じてぶつかったということだけでも残るのだから。

疑い深い人、人を信じることのできない人には、教育の仕事は務まらないと思う。

教育の仕事に携わっているのは、教師だけではない。親もそうであり、地域の大人たちも、文科省の役人も、皆そうである。変に政治的意図を持ち込んで、権力をかさにきて教育をねじまげようとしている人たちは、教育者とはいえないのである。

ところで、こう考えてくると、「あなたは、教師と保護者は、**心のキャッチボール**をしていますか」という話にぶつかる。

読者の中で、どれだけの人が「イエス」と答えられるだろうか。

「そうはしたいんだが、どうして、教師（保護者）にぶつかっていったらいいかわからない」と答える人が多いかもしれない。

そのような方たちに、次のようなことをしてきたか、問いかけたい。もし、まだならば、きょうから始動してほしい。きっと、「やってよかった」という成果が徐々に得られるはずである。保護者を「モンスター・ペアレンツ」などと遠巻きに眺めてなじっているだけではダメ。

何かのきっかけで事態が急変し、好転するということもあるが、**教育は長い間かかって醸成されるもの**である。気長に取り組むのがよい。

〔保護者から教師への働きかけ〕

① 保護者会には、ちゃんと出席して、教師の話を聞いているか。

②　わが子の子育ての悩みを心から教師に打ち明けているか。
③　保護者がわが子の良さを見つけたとき、それをタイミングよく教師に伝えているか。
④　他の保護者の意見や考えにも耳を傾け、その人の立場にもなって、思いやりのある心で受け止めているか。
⑤　保護者の方でできることがあれば、加勢しますから、遠慮なしに言ってほしいと、協力の姿勢を教師に示しているか。
⑥「学校は、教師は、担任は、どうしてくれる?」でなく、「一緒に、子どもたちのためにできることはないか」と、共に歩もうという姿勢で臨んでいるか。
⑦　教師からの問いかけに応えているか。「この件について、皆さんは、どう思われますか。ご意見を」と問いかけられたとき、思いを率直に述べ、きちんと反応しているか。
⑧　教師への期待が大きければ、それだけ、様々な注文も持つ。教師が置かれている状況をよく理解しようという姿勢を保ちながら、希望は希望として、明るく、ざっくばらんに述べているか。
⑨　学校からのお知らせ、学級通信などをよく読み、日常的に、総合的に、子どもの教育を理解しようと努めているか。
⑩　教師が学校教育をやりやすく、効果あらしめるようにするために、家庭教育ではどうしたらよいかに、心をくだいているか。

〔教師から保護者への働きかけ〕

①　保護者に親しく話しかけているか。
②　日常的な対話活動（学級便りを頻繁に出すとか保護者懇談会を毎月持つなど）に努めているか。
③　保護者の反応を引き出す手だてをいろいろ試みているか。
④　子どもの長所をしっかりとらえて、タイミングよく保護者に知らせているか。
⑤　特定の父母だけでなく、より多くの父母に語りかける努力をしているか。
⑥　保護者の言葉に謙虚に耳を傾けているか。「どんなことでも、思いのままに言ってみてください。私にでも、できることがあったら、実行してみましょう」と働きかけているか。
⑦　教師は忙しいと保護者は考えている。だから、いつ話しかけてよいのか、いつ話を聞いてもらえるかと気をつかっている。そういう保護者が心おきなく連絡できるような手だてをとっているか。
⑧　保護者の話を聞きおくだけでなく、実行の努力が保護者にもわかるような手だてを講じているか。
⑨　教師が持つ保護者への要望を、押しつける要求のしかたではなく、教師の悩み、希望として、率直に述べているか。
⑩　形式にこだわらず、何とかして保護者と心を通わせたいという気持ちが通じるよう、熱意を

こめて、いろんな方法を使って、働きかけているか。

以上、それぞれ働きかけの一〇のポイントをあげたが、いずれの場合も、「信ずれば信じられる」という、**人間を信じるところからスタート**しなければ、いくらテクニックとしてそれをやってみても、結局は、うまくいかなかったという結果に終わるだろう。「信じられるようになったら信じます。それまでは、本音は出せません」と、保護者も教師もお互いに相手をそう思っていたのでは、まず本音で、本当の願いを受け止め合うことは不可能であろう。そんなことでは、子どもを伸ばし、変えることはできないのである。

わが子にけじめを

涙しながら髪を切る姿に、子を思う親の愛は想像以上のものだった

定期テストの最終日。放課後の職員室の電話が鳴った。「学校の近くで、生徒がタバコを吸っています」という近隣の方からの情報だった。

職員室にいた先生方が数名でその場に駆けつけた。その情報を知らずに職員室にもどった私も、少し遅れてその場に向かった。

その場に着いたときには、生徒指導担当の先生と数名の先生が二人の生徒と口論となっていた。その二人の生徒は私のクラスの生徒だった。生徒指導担当の先生が「ここで何をしていたんだ」と問い詰めると、「何にもしてない。ただここにいただけだ。帰る途中だ」と答えるだけだった。「たばこを吸っていたのか?」とさらに問い詰めると、二人はやや興奮して「どこにそんな証拠があるんだ」と怒鳴り気味に言い返していた。「吸ったなら、その吸ったタバコはどこにあるんだ」とさらに彼らは興奮して、自分たちを正当化しようとしていた。

彼らがたばこを吸ったことは、今回が初めてではなかった。今までにも数回指導を受けていた

だけに、その場にいた先生も強い言い方をしていた。それに対して彼らも、興奮して言い返していたのだ。彼らは自分の言葉でさらに興奮してきた。私は、じっとその場の流れを見ていたが、生徒指導担当の先生に目で合図をしたあと、あまりにも興奮してきた彼らに声をかけようとした。そのとき、生徒指導担当の先生が先に、「担任とゆっくり話してみろ」と彼らに声をかけた。

この場では話せないと思い、彼らと一緒にその場から校舎へ向かった。相談室を借りようと思ったが、彼らにとっての相談室は「叱られる場」というイメージがある気がして、違う部屋を借りた。彼らの興奮はすっかりおさまっていた。二人は椅子に座ったものの、何も話さなかった。「どうせまた叱られるのだろう」と思っている様子だった。反省の色もなければ、興奮する様子もなく、ただ、頭をうなだれ、私の言葉を待っているようだった。いつものように問い詰められるのを待っているようでもあった。それを感じて私も声をかけられなかった。

時間だけが過ぎていた。「タバコ吸ったのか?」と静かに小さな声で彼らに声をかけた。怒鳴られると思っていた彼らは、その口調に驚いたようだった。顔を上げ、私を見て、またうなだれた。「どうなんだ?」と彼らの近くに寄り、ささやくように言った。一人の生徒が小さな声で「うん」と返事をした。吸ったのは一人の生徒だったのだ。「そうか。じゃ、今日は帰ろうか」という私の言葉に、きょとんとした顔で私を見上げた。なぜ、叱らないのかと思ったのだろう。「先生はもう少し仕事していくから、早く帰りなさい」と話すと、さらに驚いた顔で私を見た。「帰りに家に寄るから、自分で先に今日のことをお父さんに話しておきなさい」と付け加え、その部屋を出た。

彼は父親と妹の三人暮らしだった。父親の帰りは遅い。学校で父親が帰ってくるころまで仕事をして、彼の家に向かった。玄関は真っ暗だった。呼び鈴を鳴らしても誰も出てこない。そっと玄関を開けようとすると鍵がかけられておらず、がらがらっと開いた。そこには、宅配の夕食の材料が届けられていたままだった。

父親の帰りが遅いので、宅配で届けられる夕飯の材料を使い、毎日、彼と妹で夕飯を作っていたのだ。奥の部屋で物音がした。大きな声で「こんばんは」と声をかけると、奥から妹が出てきた。「お兄ちゃんはどうしたの?」と聞くと、「さっき、お父さんと二人で出かけた」という。こんな時間に二人でどこに出かけたというのだ。彼はちゃんと今日のことを父親に話したのだろうか。それとも話さずに過ごしてしまったのだろうか。不安になった。

「どこに行ったのかわかるかな?」と妹に聞くと、「お父さんの友達の家に行った」という。ますます不安になった。どうしても今日中に、今日のことは話しておきたかった。「お父さんの友達の家を教えてくれるかな?」と妹に尋ね、地図も書いてもらった。

走ったこともない道、しかも、夜の道だけに目的の家が見つかるかが心配だった。妹が書いてくれた地図の中にある目印をもとに父親の知人の家の近くだろうと思うところまで来ていたが、見つからない。車を置いて少し歩き出した。ここだろうという家は、ネオンが落ちた床屋だった。カーテンが閉められたが、店内には明かりが見えた。

そっとドアを開け、店の中に入ると、そこには彼が床屋の椅子に座り、その横でバリカンを持って床屋の方が立っていた。何が起きているのか一瞬わからなかった。鏡に映っている彼の顔からは、涙が流れていた。父親はちらっと私を見て、床屋の方に「いいから、切ってくれ」と声をかけた。その言葉は静かでありながら重く感じた。

「お父さん、どうしたのですか?」とあわてて声をかけると、私のほうを振り向いた父親の目は涙でいっぱいだった。**「こいつにけじめをつけさせるんです」**と父親はひと言だけ答えた。普段はとても物静かな父親であるだけに、この父親の言葉に驚いた。彼のシクシクと泣く声が聞こえた。彼はツッパリ気味に髪を気にして伸ばしていただけに、その髪を切るというのはどんなに辛いのかとさえ感じた。しかも、はさみでなくバリカンを持っているということは、丸坊主にしようとしているのだった。

父親の静かでありながら、あまりにも重く迫力のある言葉に私は言葉を返せなかった。**子を思う強さと決意を感じた。**父親は「先生、今回が初めてではないんです。**これは俺と息子との約束です。ここでけじめをつけなければ俺もこいつもだめになってしまう**」と頬を流れる涙も拭かず、父親は話してくれた。彼はじっと父親の言葉を聞きながらも流れる涙は止まっていなかった。

「さぁ、やってくれ！」と少し強く言った父親の言葉に、「いいんですね」と床屋の方は父親に言った。彼の近くに顔を寄せ「いいの？　切るよ？」とつぶやいた。涙でぐちゃぐちゃになった顔で彼は「うん」とうなずいた。

電気バリカンの音が部屋中に響いた。彼の髪はどんどん短くなった。不思議なことに電気バリカンが動き出してから、彼の涙は止まった。わずかな時間で彼は丸坊主になった。彼の頬には涙が乾いたあとが残っていたが、さわやかな顔だった。父親は何も言わなかった。彼の肩をたたいただけだった。彼になんと声をかけていいのか迷った。「明日、学校で待っているから」と告げて店を出た。

自宅に帰ったあとも、彼のことが気になった。長めの髪から丸坊主になった彼は、どんな思いで夜を過ごしているだろうか。明日、学校へ来るだろうか。いろいろ考えると、なかなか寝付けなかった。

翌日、学校へ早めに行った。部活をしていても、昇降口が気になった。「彼は来るだろうか。もし来なかったら……」と考えていた。始業の時間が近づいてきた。彼が遠くに見えた。帽子をかぶっていた。朝、どんな思いで、家を出てきたのだろうか。きっと、勇気がいったと思う。昨晩、刈った頭を隠すための帽子が似合っていた。遠くから「おはよう」と声をかけた。彼は手を上げ、合図をした。

朝の会でも、帽子をかぶっていた。まだ帽子を取る勇気はなかったようだ。でも、彼の目は輝いていた。父親の真剣な姿を知ったからだろう。

帽子をかぶっている生活も半日で終えた。午後には、帽子を取り生活をしていた。クラスメイトもあえて彼の髪について話そうとしなかった。

彼が卒業して数年後。偶然デパートで彼に会った。彼はすでに社会人となっていた。私に駆け寄ってきた彼が「先生、俺の彼女だよ」と隣にいた女性を紹介した。その彼女が「先生ですか。彼が中学校の頃、本当に迷惑をかけたらしいですね。彼が時々話してくれます。それに『**お父さんにも迷惑かけたから、俺は親孝行する**』って、ときどき言っているんですよ。中学校のころに、そのことに気づけばいいのにね」とニコニコしながら話す隣で、彼は照れ笑いをしていた。

誰にでもある思春期。自分でも自分がわからなくなるときだからこそ、大人が真剣にかかわっていかなければいけない。

物静かな父親が、息子に対して真剣に伝えたことは何だったのか。約束の大切さだけではなかった。親として子を思う気持ち。人として生きるということ。うそをつかないということ。人生そのものを伝えた気がした。

彼がいくつになっても親は親であり、子は子である。親子関係は強くつながっている。

えこひいきをしない教師

子どもを信じて対することが
凸凹の対応をカバーする

職員室で

「あの子、いい子ねえ。とっても礼儀正しいし、まじめだし、やることもきちっとしているわ。あんな子がそろっていれば、もっと指導もやりやすいんだけどね」「そうねえ。あの子、いい子ねえ。ほんとにいい子だわ」「どんな育て方したら、あんなふうにいい子が育つかしら」

こんな話題が職員室で茶のみ話として出されることがよくある。

かつて、テレビでは「良い子、悪い子、ふつうの子」というふうに子どもを型はめして、それを材料に、面白おかしく話題にしようとしている番組があった。どうも、教師たちの中にも、たてまえでは「良い子、悪い子なんて、ありません。みんな良い子だし、そういう子に育てなくてはなりません。それは保護者や教師の任務です」と言いながら、つい、「あの子は良い子」「あの子は悪い子」という本音を仲間うちでは出してしまいがちである。

「良い子」「悪い子」と比較的烙印を押しがちな教師も多いが、〝えこひいき〟の問題も、このような人間評価の問題と大いに関係があるといえる。

教師も人間であり、感情の持ち主であり、多くの生徒の中には、〝性が合う子〟〝性の合わない子〟というのがある。

同じ話しかけるにしても、話しかけやすい子、話しかけにくい子があり、教師の気持ちが通じやすい子には、言いかえれば、よく言うことを聞く子には大変好意的な姿勢で臨むようになり、それだけ親密度も深まるが、逆の場合は、とかく敬遠しがちになり、同じように言葉をかけても、ぎこちなく、言葉少なになり、それだけ心が通じにくくなる。

そのような状態を生徒が見たとき、「私は差別されている。あの先生はえこひいきしている」ととれるだろうと思う。いったん、そのような感情を生徒に抱かせると、それを除去し、あたたかく、朋るい相互関係を築き直すのは容易でない。

えこひいきにきびしい女生徒たち

「どんな教師を良い教師と思うか」――その〝良い教師の条件〟を列挙させてみると、女子の場合、「えこひいきしない」ということがトップを占める。

私の親友で、新卒の頃、女子高に奉職した者がいた。当時、仲間からうらやましがられたりしていたのだが、半年ほどで、サッサと辞めてしまった。「公平にしよう思うと神経をすり減らす。

もうこりごり」というのがその理由と聞かされた。

たしかに、えこひいきの問題は、する側と受け手とのとらえ方で、問題の度合いがちがってくるのだが、やはり、教師たるもの、「あの先生はえこひいきしている」と生徒に受け止められないような態度や言動が必要ではなかろうか。

どんなとき〝えこひいき〟ととられるのか

「あの先生は、○○さんばっかりあてる」「あの先生はA子が休んだ次の日はHRで、〝もうなおったか〟と言うのに、私のときは電話もかけてきてくれなかったし、翌日に登校しても知らん顔してた」「K子と二人で学校にきたとき、朝廊下であいさつしたら、K子の方向いて、〝おはよう〟と言って、私なんか無視されちゃった」「授業中M子のところは必ず通るし、まちがえていたりするとノートをのぞきこんだりして、〝これはこう考えるんだ〟なんて教えているのに、私のところなんかめったにまわってきてくれないし、まちがっていても素通りなの！　あの先生のひいきときたら、ホントに頭にきちゃうわ」

まあ、こんなふうである。そして、「小学校に入ってから今日まで、先生に不公平にされたことのある人は？」と聞くと、ほとんどの子が挙手をする。「それじゃ、先生も今までに、ずいぶん多くの生徒から、そう思われるようなことをしてきたんだね」と反省させられるしまつである。

すべての生徒を公平に扱うということはじつにむずかしい。

例えば、授業中の指名について。何となく教師一人一人がもつ〝当てぐせ〟というのがある。教卓に近い席の者とか、遠くの者はよく指名するのに、中程にいる者はほとんど指名しないとか、それを意識的にやっているのではない。いつの間にかそうしてしまうのである。机間巡視にしても〝回りぐせ〟があって、生徒の側からすれば、「あの先生はちっともこっちへ回ってきてくれない」ということもあるようだ。

教育効果を上げるために欠かせない公平さ

「あの先生はえこひいきする」と生徒に思われたとき、その教師の教育力は半減する。なぜなら、指導を受ける側の生徒がそう思い、保護者がそう思ったとき、その教師から吸収しようとする気持ちはつぶれ、拒絶的な心情が高まるばかりだからである。**男子であれ、女子であれ、すべての人間は〝公平に扱われる〟ことを求めている。**できれば、それ以上に扱われたいという思いがあるが、集団の中では〝少なくとも公平〟であってほしいと願っているのである。

体育祭の日のことだった。A先生が生徒たちの競技風景を撮影しながら、何やらメモしている。「先生、撮影データでもメモっているんですか」と私が聞いたところ、「いえね、こんなときの姿って、私たちが撮ってやらないかぎり、記念に残せないでしょ。ところが、私、前に大失敗したことがあるんですよ。ついカメラを向ける子がかたよってしまうんですよね。カッコよく走る子とか、わりあい、日なたにいて、目立ちやすい子なんかにカメラを向けがちなんですね。そんな撮り方をしたのも気づかず、それを焼いて〝みんなの写真を撮ったよ。希望の人がいたら、焼き増ししてあげるから写真係のT君に申し込んでね〟と言って注文をとることにしたんですよ。そしたら、展示された見本写真を見て、〝先生、不公平です!! あんな写真展示しないでください。私たちなんか全然写っていないんだもん。AさんやBくんたちばっかり撮ってるんだもん〟と言われてしまったんです。よく見ると、たしかにそうなんです。私、しかたないから、みんなにあやまったの。言いわけじゃないけど、ついそんな写し方をしてしまって。べつに、Aさんたちをひいきするなんて気持ち全然なかったんだからって言ったら、生徒たちもわかってくれたみたいでした。それからなんですよ。写真をとるときには、こんなふうに生徒名簿を片手に、誰と誰を写したのかメモしているんですよ」ということだった。

私も一つ、指名の問題について、いろんな方法を使っている。時には、ある問題をおそらく解決できないかもしれぬB男に当ててしまって、それで進度がにぶることもあった。しかし、それをさらに新しい工夫で乗りこえていかねばならない。**えこひいきが生徒たちの可能性の芽をつぶすようであってはならない。**

教師が〝どの子も伸びるすばらしい芽を持っている〟と信じて子どもに対するとき、かりに凸凹な対応の仕方であっても、子どもたちは、不公平だ、えこひいきだと曲げて受け止めることはあまりないのではないだろうか。

よい輪に乗れる子にしたい

自分の意志を働かせてエンジンをかけるには

生徒たちの様子を見ていると、学習が大変調子に乗っている生徒と、なかなか調子が出ない生徒がいるようである。しかし、その生徒たちを、頭が良い、悪いで、簡単に片づけるわけにはいかない。いずれにしても、そこに至った原因があり、いったんその輪の上を走り始めてしまうと、なかなか乗り移れないのかもしれない。

ある日の数学の授業で、私は、次のような二つの輪を生徒たちに示してみた。

調子に乗っている生徒の場合は、このよい輪の上をグルグル回っているのであり、調子がいつも出ない生徒は、よくない輪の上を繰り返し、繰り返し回っているということになる。

〔よい輪〕

何かのきっかけをつかみ、やる気をもつ。それを実行してみる。やってみると、少しわかってきた。これなら、もうちょっとやってみようということになって、さらにやってみた。内容がわ

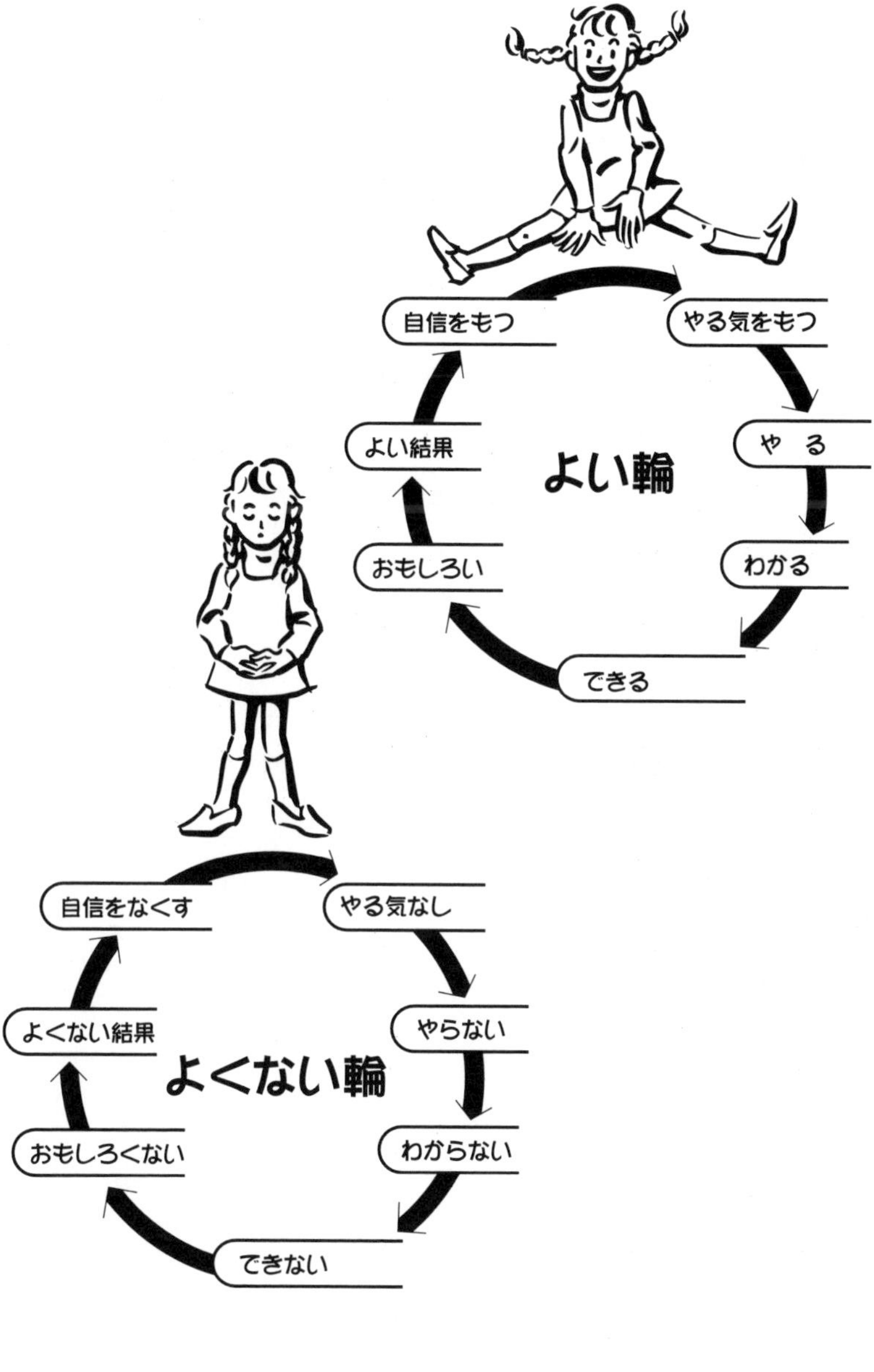
自信をもつ
やる気をもつ
や　る
わかる
できる
おもしろい
よい結果
よい輪
自信をなくす
やる気なし
やらない
わからない
できない
おもしろくない
よくない結果
よくない輪

かってきたというだけでなく、問題などをやってみると、できるものが増えてきたではないか!! そこまでくると、誰だって、おもしろ味が出てくる。これまで、「なんで、こんなおもしろくないことをやらせられるのだろう」と思っていたのが、できるようになってくると、関心も強くなり、集中して考えるようにもなる。そして、おもしろくなってくると、理解も深まり、力がついてくる。テストに対しても、嫌悪感や不安感を持たなくなり、「よし、こんどのテストでは、もっといい点取ってやるぞ。どんな問題が出るかなあ」と、期待感をもってテストにのぞめるようになる。

よい結果が出ると、自信が持てるようになる。それはさらに次へのやる気をかきたてることになり、どんどんよい輪を走っていくということになるのである。

それに比べて、よくない輪の上を走り続けるということはどういうことだろうか。

〔よくない輪〕

なかなかきっかけがうまくつかめず、やる気がわかない。だから、やらなくてはいけないことがわかっているのに実行に移せない。そして、やらないからわからなくなる。わからなくなると、問題もできないものがふえ、よけい面白味がなくなってしまう。そのような気持ちで、力をつけずにテストを受けてみたところで、少しもよい結果は出て来ず、自信は一向につかない。それどころか、もういくらやってもダメかと思いこむようになり、さらにやる気を失い、どんどんやらなくなってしまう。これでは落ちこむ一方である。

保護者にしても、教師にしても、やる気を失くしてほしいと思う人は一人もいない。何とかして、やる気を持ち、それを実行に移す行動力を持って、持続してほしいのである。どこか、きっかけをつかみ、よい輪の上をどんどん走ってほしいと願っている。

そこで、生徒自身もさることながら、保護者にとっても、どうしたらよいのかと思うことが二つある。それは、次の二点であろう。

① よい輪の上を走りたいのだが、どこをとっかかりにすればよいのか。

② よくない輪を走り始めたら、もうよい輪に乗り移れないのか。

①について

人間には、やる気が自然とわいてくることもあれば、なかなかわいてこないこともある。興味や関心の持ち方が人それぞれ違うからである。しかし、何も努力せず、やろうという意志も持たず、やってみることもしないで、よい結果を出すことは、全く頼りにならない偶然を期待するより他に道がない。でも、その期待が実現する可能性は、こと勉強に関する限り、ほとんどない。

だから、「よしやるぞ!! それッ」と**始動に意志を強く働かせることは、よい輪を走るとても必要な条件**なのである。

「やりたい!!」というほど、積極的な意欲を持てないなら「やらなくてはならない」と、消極的な意欲でもいい。それを持って、とにかくGO!! のサインを出すのだ。

キーを入れ、スイッチをONにしても、なかなかエンジンがかからない車があるとする。その車は、そのまま放っておけば、いつまでもそこに停車したままだ。しかし、動かす手はある。マニュアル車のギアをニュートラルにしておき、後から押す。エンジンはかかっていなくても、車は動き出す。車体の重みで、速度がつき始める。そのとき、ギアを入れると、車の走る力がエンジンのピストンに伝わり、それによって、エンジンがかかる。そして、車は逆にエンジンの力で自力走行できるようになる。

ちょっと強引だが、よい輪に乗り移るにはこんな手もあるのだ。やらなくちゃと思ったら、とにかく、とっかかりやすいところからやり始める！ もし、一発でエンジンがかからなければ、もうちょっと、続けてみる。意欲の持続が大切である。

よい輪を走り出すには、あと一歩の努力がほしい。日頃の生活で、いつも、あきっぽく、粘りのない生活習慣のある生徒は、これが苦手で、もう少しというところで投げてしまい、よい輪に乗り損ねて、また、よくない輪をグルグルということにもなりかねない。

学問に王道なしの言葉通り、自分にだけ楽な道はない。それ相応に、自分の意志を働かせ、何らかの方法で心のエンジンをかけなくてはならないのである。

エンジン始動の意欲が比較的わきやすい時期が誰にもある。それは、好きな教師に出会ったとき、その教師と近づきになるきっかけを生かして、その教師が担当している教科をやり始めるのもよいし、「新学期だ、よしがんばろう！」でもよい。あるいは、親しくなった友と一緒に、ある科目を得意にしようと誓い合い、やる気を掘り起こすのも一法だ。

考えてみれば、やる気を起こすチャンスはけっこう私たちの身辺にあり、目前をいつも通過している。それをどうつかむかは本人しだいということになりそうである。

タナボタ式にうまくいく方法というのは、学習においては、どうもなさそうだ。〝勉強〟とはよく言ったもので、〝強く意志を働かせ、力を出してはげみ、つとめる〟ことによって、身につくものらしい。

世の中には、秀才とか天才と言われる人がいる。たいして、強く意志を働かせ、力を出して励み、つとめて（勉強して）いないようなのに、抜群の成績を取る人がいる。外見的には、何の努力もしていないようでも、そのような人はそれなりに、集中の仕方に工夫をし、理解のしかたに独自のアイディアを生かしてがんばっているにちがいないのである。だから、外見だけで、「あんなに楽々と、適当にやっていい成績をとれたらいいなあ」と思ってはならない。

②について

〝よくない輪〟の上を走っている人が〝よい輪〟に乗り移れるかということだが、これは可能である。現実にそれを実現させた生徒を何人も知っている。

よくない輪という軌道をAが飛んでいたとしよう。Aがあるチャンスをうまくつかんで、適当

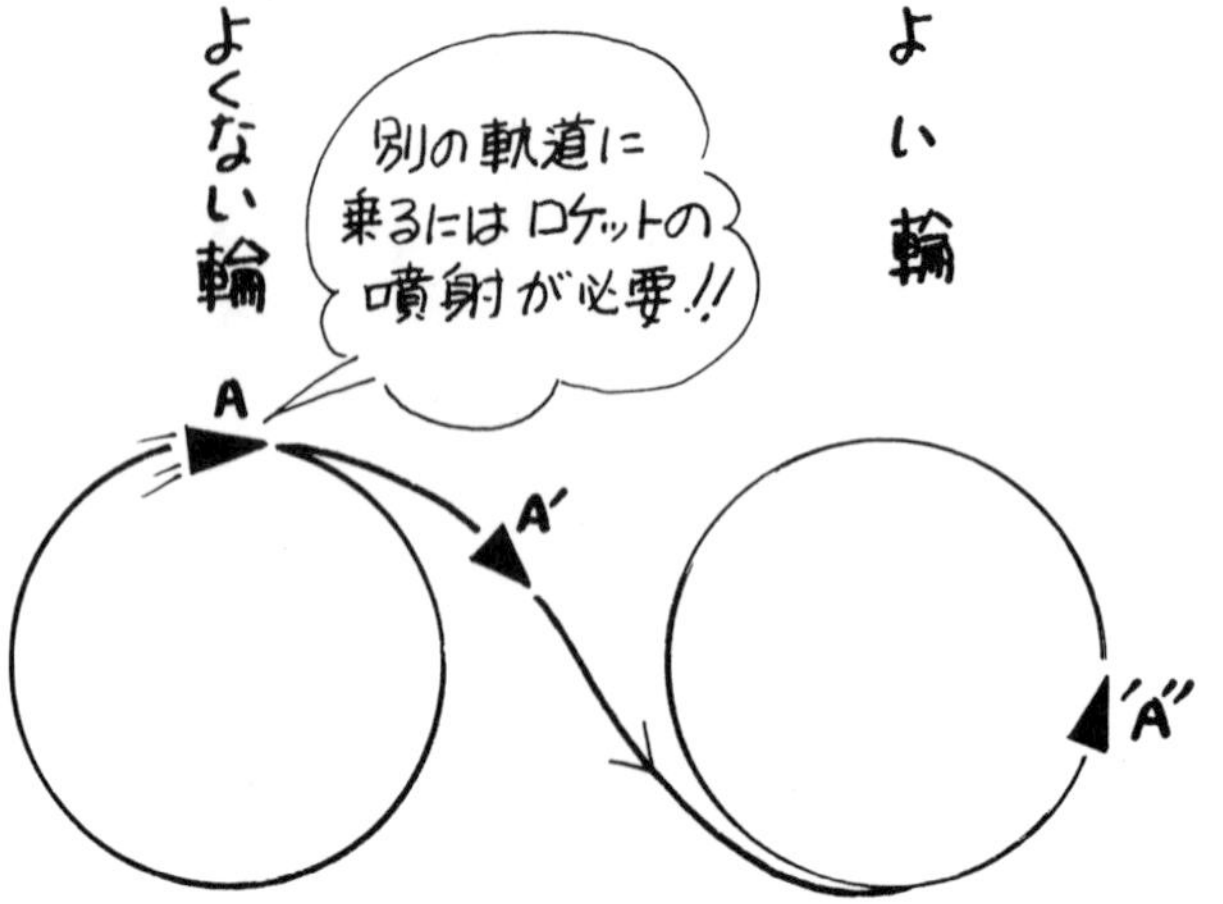

な時期に噴射を加える。すると、A′へ。そして、″A″の軌道にと乗り移れる。このAの噴射が、実は本人の努力であり、「これではいけない。何とかしなくては……」という強い反省であり、「よし、やってみよう！」という実行力なのである。軌道変更には、相当なエネルギーがいる。「どうしよう、どうしよう」だけでは、よくない輪の上を走り続けるしかない。

「この軌道変更に、いまは一番いい時期なんだよ」と、新一年生の数学の授業で言ったら、その話に納得して、

「小学校のときは本当に算数が苦手と思い込んで、全然家庭学習もしなかったし、授業でもちゃんと聞いていないで、よく注意をされましたが、数学の勉強が始まったいま、絶対がんばります!!」と、自覚のほどを語ってくれた生徒がいた。

その彼はとてもがんばった。一度の噴射でうま

くいかなければ、何回かの小さい噴射の継続で、徐々に自分という宇宙船をよりよい軌道に乗せることに成功した。

私が生徒たちに、口ぐせのように言っている言葉は、次の五点である。

① やる気をもて!!

② 根気よく、ずっと継続してやれ!!

③ 健康に気をつけ、粘りの元になる元気を持ち続けよ!!

④ 本気で取り組め!!　そうすれば、どうしたら集中力がつくかなどと考えなくても、自然に集中できる。

⑤ 和気　極力他の仲間と心と力を合わせ物事を進めていこうと努めると、今自分を取り囲んでいる環境でもかなりの力を発揮できる!!

これだけのものを常にもって事に当たれば勉強だけでなく、何事もよい結果が出ることが多い。あの人は頭がいいとうらやみ、自分は頭が悪いからダメだと思い込まないで、〝なせばなる！なさねばならぬ何事も。なせぬは人のなさぬなりけり〟の言葉を信じて、まず、チャレンジすることだ。

一度のチャレンジで落胆し、投げることはない。何度でも根気よくチャレンジしている間に、力がたくわえられ、可能性を現実のものとするときを迎えることができる日が来るのである。

大人や教師が嘆くほど子どもにやる気はないのか

夏休み、千七百題の計算問題集に挑戦した子どもたち

「べつにィ病」患者のこと

拙著『中学生・その実像』（教育出版センター刊）の中で、現代中学生の一つの姿をとらえて、〝べつにィ病〟にかかっていると述べた。そのことを感じていた保護者・教師の方々も多いとみえて、あちこちで、この「べつにィ病」という言葉が話題にされているようである。

何を問いかけても、弱々しい声で「べつにィ」としか返してこない中学生たちにぶつかるたびに、「もうちょっと、このことでイエスとかノーとか考えられないものなのか。はっきりと答えられないものか」と、なかばイライラする。「この若さでこんなに元気がなく、強く感動することもなく、どうでもよいというような受けとめ方をしていて、はて、この子たちが大人になったとき、どんな社会が生まれるのだろう」生徒たちと日常、学校生活の中で接していて、悲しく、さびしい思いをすることが、あるのである。

こうして「べつにィ病」という言葉が、現代中学生の代名詞のように扱われはじめると、そう表現した私自身が、

「そんなつもりで書いたんじゃないんです。今の中学生はみんなそうだとばかり大人たちが寄ってたかって言い過ぎないでください。

そういう面をもつ中学生もいるということであって、嘆いているばかりでは、ちっとも、子どもたちは若々しく活気あふれる者にならない。やる気満々の意欲的な若人にならない。問題点は問題点としてとらえて、それを少しでもよい方向に変えていくよう、大人の私たちも子どもの心の中にはいりこんでいって、ともに伸びていけるように努力しましょう」と言いたくなる。

意欲ある中学生、自主性のある中学生、しっかりした判断力をもっている中学生、責任感の強い中学生、こうした中学生たちにも、多く接している私は、「べつにィ病」が一人歩きしてしまうと、本当に彼らにわるいなあと思ってしまう。

「いまの中学生はべつにィ病にかかっているなんて言って、ごめんね」と言いたい気持ちである。

誰だって、やる気のわかないときもあるし、相手しだいで、自分だけ馬鹿正直に責任をかぶってばかりいられるかいと、開き直りたい気持ちになることだってあると思うからだ。

子どもたちのやる気におどろく

子どもの教育のことでお母さん方と話し合いをすると、きまってそこに「やる気のないわが子」

のことが持ち出される。「どうして、あんなにやる気がないのでしょう」と嘆かれる。それほどに、いくら掘り起こしても、やる気の泉がすっかり枯れてしまって、水が湧いてこないものだろうか。

私は、ある年の夏休みに次のような経験をした。

夏休みに入る直前の数学の授業でこう言った。

「先生はね、夏休みというのは、自分の時間を十分生かして、やりたいことを思いきって、ああ、いい休みだったなあ。あれもできたし、これもやれたと思えるような過ごし方をしてほしいものだと思うんだ。いろんな体験もしてほしい。

そこで、ひとつ、きみたちに聞きたいんだけれど、自分で数学の計算力をつけてみたい、思いっきりドリルしてみたいという人はいないかな。

この暑いさ中に、たくさんの問題にアタックするのは大変なことだけど、やりとげたときの気分はまた格別だと思うんだ。でも、根気がいるよ。生半可な気持ちじゃ、やりとげられないかもしれないよ。

もし、きみたちの何人かでも、それに挑戦し、ここで、大事な基礎になる計算力を自分の力でしっかり身につけようと思うのなら、先生はその手助けをしてあげたいんだよ。

先生も、あれは高一のときだったかな。あまり得意でなかった数学に夏休み中アタックし、他の科目はお留守になったけど、集中してやったおかげで二学期には先生の説明もよくわかるようになってきたし、少しずつやれる自信がついてきて、すっかり数学が好きになり、数学の授業が待ち遠しくなったという経験をもっているんだ。そのときほど、徹底的に集中して、そこをわからせておくということが、次の勉強に役立つと感じたことはなかったね。

そういう経験があるからこそ、きみたちにもすすめるんだけど、どうだい。小学校の計算総復習の問題集と、一学期のいちばん大事な学習か所の正・負数についての計算問題集の二冊を作ってみたいが、やってみようという気のある人はいるかな」

そして、さらに続けた。

「この問題集は、一度やりかけた以上は、最後までやりぬくという決意をもち、先生と約束できる人にあげたい。全員分印刷するのは簡単だけど、もらってもやる気がないという人にあげても無駄だと思う。

少し、値打ちをもたすようで、いやみったらしくとる人もいるかもしれないけど、先生はこの問題集づくりに徹夜をし、指にタコを作りながらまとめることになると思う。でも、それをやって力をつけようと、きみたちが強く願い実行してくれるなら、それは先生にとって楽しい仕事になると思う。

印刷する紙だって、どの一枚も、きみたちのうちの人が汗して働いて納めた税金で買ったものなんだ。だからどうせ使うなら意味のある使い方をしたいと思うよ。印刷は、きみたちの注文をとって、注文を受けた部数だけにしたいと思う」

生徒たちは私のこの話をよく聞いていた。そして、なんと、その反応はといえば、九五パーセントの生徒たちがぜひやりたいと申し出てきたのである。

「いや、きみたちは軽々しく、そんなに飛びついてくるが、小学校の復習問題千三百題、正・負数の計算問題四百題もあるんだよ。これを聞いて、今のうち手を引いておこうと思う人はどうか申し出てほしい。こう言っている先生だって、もし自分がやるなら、そんなにたくさんじゃ、いやだなあとちょっぴり思っているんだ。やめるなら今のうちだよ」と念を押したが、いっこうに引き下がる生徒がいない。

いま習っていることをわかりたい。いろんな問題が出されても、どれも解けるようになりたい。実力はたっぷりつけたい。どの生徒もそう願っており、私も、生徒たちがそうあってほしいと願っていたその気持ちが一致したのである。

私のこの気持ちを汲んでくれた生徒たち。教師と生徒、親と子の心がつながったとき、そこには必ず子どものやる気がかきたてられる。**子どもはやる気がないのではなく、やる気の缶詰のフタをあけてもらえないのだと思った**のだった。

夏休み後提出されたノートに、生徒たちは私にあてて、いろいろ感想を書いてくれていた。

「これをやり通して、本当によかったと思いました。もし、やらなかったら私は二学期にはいっても、わからないという気持ちのまま授業にのぞまなくてはならなかったと思います。それがカラッと晴れました。やってよかったと心から思っています。先生も、これ（問題集）を作るのに大変つかれたでしょうね。ありがとうございました」

「思ったよりも、根気よく続けられた。全部やり終えたときは、とてもうれしく思った。中学生になってだいぶ根気が出てきたと思う。これで正・負の数は二学期はスラスラできるのではないかと思うようになりました。夏休みの大きな収穫だったと思います」

「この問題集をやって実力がついたかどうかわからないけれど、最後までやってみて、ほんとうによかったと思っています。夏休みが終わるギリギリまでやっていたので、全部は合っていないと思う。問題集の中のあちこちに書かれてある先生の呼びかけにこたえて、その日の分をやり終えるたびに毎日のように一言を書いておもしろかった。あれがあったから、私も毎日もったみたいです。これからも数学をがんばりたいと思います」

「や、や、やりましたっ！　自分でもずいぶんがんばったなあと思う。これだけ続けたのはこれがはじめて……来年もやってみたいと思う。とにかく、いま、気分そうかいって感じです。来年もぜひやりたい！」

「全部やり終えたときの気持ちはお風呂から出たようなさっぱりした感じ。（千七百題もよくやったなあと、われながら思う。この調子で二学期もガンバローと思う）」

「フー、つかれちゃった。先生、わたし、これ終わるまで落ちつかないので毎日やっちゃった……！　エヘ。でも〝たたり〟はありませんでした。ますます力がついたって感じ。ん？　いい

〝たたり〟があったのかナ？　ズイブンわたし自信がつきました。もう、どんな問題でもドーンとこい！　ありがとうございました」

とても、ここに書ききれないが、どの生徒も、汗をふき出させながら苦しい息をしつつ急坂を登りつめ、頂上に達して、四方の下界を見渡すあのそう快な気分と、ここまで自分の足で登ってこれたのだという自信を身につけてくれたようだった。

「あまりやる気だして、一気にやろうとすると、へばるぞ！　やる気もほどほどにして、毎日小出ししながらやっていかないと、急に欲ばってやって、あとはやらないというようだと、逆に力が落ちる〝たたり〟があるぞ」と言うと、生徒たちは、よけいやろうとするのである。

このことを通じて私は、子どもの願い――自分もどんどん伸びて自信もつけたい――にピタッといく出方を私たちがしたとき、子どもたちはずいぶん自力で自分のやる気を引き出すものだなあと思ったのである。

「ほめ下手」な親が多いと中学生

昨年度、〝ジャンプのときを大切に！〟というテーマで学級通信に連載記事を書いたとき、子どもからみて、親の出方と子どもの心はどうつながるのかを調査した結果をのせた。その記事は家庭でも、親子の対話に役立ったと喜ばれた。

〔質問1〕　あなたはうちでほめられることがよくありますか。
○しょっちゅうほめられる――2（人）
○しょっちゅうけなされる――14
○ほめられることもほとんどないし、けなされることもほとんどない――14
○時々ほめられ、時々けなされる――43
○わりあいよくほめられるが、たまに注意されることがある――14
○わりあいよく注意されるが、ほめられることはたまにしかない――31
○その他――4
〔質問2〕　あなたの親はほめ上手ですか。
○ほめ方がうまい――13
○ほめ方が下手――20
○何ともいえない――81
〔質問3〕　あなたは親がどんな出方をしたとき、やる気がわいてきますか。
○ほめてくれたとき――27
○うんとけなされたとき、なにくそっと思ってやる気がわいてくる――16
○よい点をしっかりほめてくれながら、直していくべき点をピシッと指摘してくれたとき――38

○何かやって、それが喜ばれたり、感謝されたとき――42
○何をやっても、よいとも悪いともあまり何も言ってくれないとき――3
○何もいわないとき――11
○何も関心を示さずにいてくれるとき――17
○その他

この調査から察すると、「時々ほめられ、時々けなされる（子どもの方から、そう受けとれるような親の姿なのでしょう）」という受けとめ方をしている生徒がいちばん多い（43人）ようだが、まあ、それがふつうのようである。

ところが、「わりあいよく注意されるが、ほめられることはたまにしかない」と言っている生徒も多く（31人）、ほめ下手な親も多いことを示している。年がら年中、わが子を見ていると、親が、自分の欠点だと思っていることがわが子にそっくりうつっているのを見せつけられているように思ったり、毎日の小さな成長に気づかず、ついアラばかりつまみ出しては注意するということになっているようである。

「しょっちゅうけなされる」という生徒も14人いて、子どもに言わせれば、「人をほめることを忘れてしまったうちの母さん、お気の毒に」などと思っているのであろう。子どものやる気の鉱脈を掘りあてられないで、ドロばかり掘っているわが親をさめた目で見ているのかもしれない。

子どものやる気、大きくジャンプしようとする気にはずみをつけてやるには、小さな成長でともに喜び、ちょっとしたことにも感謝しあうという心と心がパチパチッとふれ合うものがほしいと言っているようだ。「**あんたのおかげで……だわ**」「**……してくれていたので、お母さん、ほんとに助かったわ。ありがとう**」といった言葉が子どものやる気を引き出すのだろう。

ちょっとしたそういう言葉を、日常生活で出しおしみしていないだろうか。その反対に、あまりにも子どものやる気をそぐような言葉を出しすぎていないだろうか。

「どんなことだい?」と聞くと、子どもたちは、次から次へと訴えるのである。

あとがき

「子どもは一言で変わることが本当に出来るのだろうか」という思いをもっている方が多くいるだろう。子どもに限らず、人は人に会うことで、自分に気づき、自分が変わっていく。そういう経験をした方はたくさんいるのではないだろうか。

人はさまざまな場面で変わっていく。人との出会いや人からの一言、そして、人とのかかわりの中で成長し、変わっていく。

変われる子ども、成長していく子どもは、どこかにきらきらと輝く光を持っている。その輝く光は、すべての子どもたちが持っているもの。すべての子どもたちは、変われる子どもたちであり、成長していく子どもたちなのだ。

いつでもどんな場でも、それぞれの子どもが自分だけしか発することの出来ない素晴らしい色の光を発している。まぶしい光、ほのかな光、やさしい光など、どんな光でも、子どもたちが発しているすべての光を見つけ、見つめ、見守るのが大人の大切な役割。

子どもたちは、光を発しながら、それぞれの場で一隅を照らしているのだ。大人は、その子どもたちの光に気づいたとき、心が震えるほどの感動を子どもたちからもらう。

子どもは、大人を感動させる天才だ。子どもは大人が予想もつかぬことを、自然に、さりげなく、また、ためらいもなく行う。その何の駆け引きもない純粋な子どもの姿に何度も感動の涙を流してきた。

「伸びろ！　伸びろ！　どこまでも」そんな思いで子どもたちの光を見つめる。すべての子どもたちは、無限の可能性を持っている。その可能性を認め、伸びようとしている子どもたちをどこまでも伸ばしてあげたい。

みんな
伸びろ
伸びろ
どこまでも
自分色で

輝き続けろ
いつまでも

この本は、山田暁生氏と私（中野敏治）が多くの子どもたちと接してきた中で、見えてきた子どもたちの心の成長を載せている。

いつの時代でも、子どもたちは輝いている。すべての大人たちが、その光の発見力を絶やすことなく、いつまでも発見し、見つけ続けたい。

子は宝、輝き続ける宝。その大切な私たちの宝物を、多くの大人たちの感性と見つめる心の目力で、もっともっと輝き続けさせてあげたい。伸びようとしている芽を、もっともっと伸ばしてあげたい。

教育関係者や子を持つ親だけでなく、すべての大人に読んでいただきたい。子どもたちが与えてくれた素晴らしい感動。子どもたちの光が、さらに大きな光となるきっかけとなった一言。大人を動かした子どもたちの輝き。すべての大人にたくさんの子どもたちの光を届けたい。

平成二十年五月五日

やまびこ会　代表　中野敏治

やまびこ会（全国教育交流会）について

1986年創設
顧問の山田暁生（東京都）が創設。
代表、中野敏治（神奈川県）
副代表、新井国彦（群馬県）

2008年３月までは、会報「やまびこ」を中心に交流会等を行い活動してきた。2008年４月よりインターネット上のホームページで活動中。

〈やまびこ会（全国教育交流会）ホームページ内容〉

全国の学校関係者・教育関係者・教育に関心のある方などにより、多くの書き込みがされている。

「山田暁生教育を語る」のコーナーでは、山田氏の手書きメッセージが載せられている。また、「子どもの光発見」のコーナーでは、全国から子どもたちの光が寄せられている。さらに、教育に関する通信も多く紹介されている。

会費等はなく、いつでも誰もが交流できる場になっている。

ホームページのアドレスは、
http://www29.atwiki.jp/yamabikokai

●著者紹介●

中野敏治（なかの　としはる）

1958年（昭和33年）生まれ。公立中学校教員として、学級通信「あすなろ」、教科通信等を発行し続けてきた。2007年（平成19年）から個人通信「かけはし」を発行している。

現在、公立中学校教諭。読売新聞教育相談員。やまびこ会・全国教育交流会　代表。ＹＰＣ（やまびこ会ペンクラブ）事務局。日本教育ペンクラブ員。

平成元年、全国学校新聞年間紙面審査賞（総合ジャーナリズム研究所）受賞。平成５年、教育と新聞賞（新聞教育研究所）受賞。

著書「月刊生徒指導」「月刊ホームルーム」「月刊学校教育相談」他多数。

講演歴「素行会」「養心の会」他多数。

※　やまびこ会・全国教育交流会ホームページアドレス
　　http://www29.atwiki.jp/yamabikokai
※　E-Mail tnknkai@gmail.com

山田暁生（やまだ　あきお）

1936年フィリピン生まれ。1960年東京学芸大学数学科。公立中学校教員として、学級・学年・数学・進路通信等を35年間継続発行し、その数は３万枚を超える。

1965年東京都研究派遣として東大教育学部に派遣され、１年間研究生活。第22回読売教育賞賞外優秀賞受賞。

現在、やまびこ会全国教育交流会顧問。山田中学生問題研究所代表。国内講演は700回を超える。

著書「生き抜く知恵を子どもにどうつけるか」（教育史料出版会）、「万策尽きたとあきらめずに」（山田中学生問題研究所）、「誰でも成功する子どもの長所の見つけ方伸ばし方」（学陽書房）ほか69冊。

＊詳しくはインターネット［山田暁生］［検索］を参照してください。

この一言で子どもが伸びた
無限の可能性を引き出す感動の言葉

2008年7月20日　発行

著　者　山田暁生・中野敏治

発行人　安部英行

発行所　学事出版株式会社
〒101-0021　東京都千代田区外神田2-2-3
電話　03-3255-5471
HPアドレス　http://www.gakuji.co.jp

編　集　担　当　　町田春菜
D　T　P　編　集　　一企画
装幀・本文イラスト　中野多恵子
印　刷・製　本　　研友社印刷株式会社